高职英语教学的模式与方法研究

朱 珍 ◎ 著

吉林出版集团股份有限公司

版权所有　侵权必究

图书在版编目（CIP）数据

高职英语教学的模式与方法研究 / 朱珍著. — 长春：吉林出版集团股份有限公司，2023.8

ISBN 978-7-5731-4203-0

Ⅰ. ①高… Ⅱ. ①朱… Ⅲ. ①英语－教学研究－高等职业教育 Ⅳ. ①H319.3

中国国家版本馆 CIP 数据核字（2023）第 176233 号

高职英语教学的模式与方法研究

GAOZHI YINGYU JIAOXUE DE MOSHI YU FANGFA YANJIU

著　　者	朱　珍
出版策划	崔文辉
责任编辑	徐巧智
封面设计	文　一
出　　版	吉林出版集团股份有限公司
	（长春市福祉大路 5788 号，邮政编码：130118）
发　　行	吉林出版集团译文图书经营有限公司
	(http://shop34896900.taobao.com)
电　　话	总编办：0431-81629909　营销部：0431-81629880/81629900
印　　刷	廊坊市广阳区九洲印刷厂
开　　本	787mm×1092mm　1/16
字　　数	220 千字
印　　张	14
版　　次	2023 年 8 月第 1 版
印　　次	2024 年 1 月第 1 次印刷
书　　号	ISBN 978-7-5731-4203-0
定　　价	78.00 元

如发现印装质量问题，影响阅读，请与印刷厂联系调换。电话 0316-2803040

前　　言

　　由于高校英语教学承担着培养语言基本功扎实、专业基础宽厚的国际化人才的使命，建设科学、完善的英语教学模式就成为实现这一目标的保障。针对教育部对高校英语教学改革的要求，结合目前高校英语教学现状和已有资源，积极探索建设科学、综合、立体的新型英语教学模式，以更好地满足社会的需求，符合学校的办学目标，对接院系的专业需要，助推学生的发展。

　　所谓英语思维，就是英语的掌握程度与母语一样，可灵活地使用流利的、纯正的英语表达所思所想，形成本能的、条件反射式的思维方式，让语言回归于实际。英语思维培养的重要性对英语教学产生了巨大的影响。本书首先对英语教学的模式、现状、对象、影响因素等做了总体概述，其次讲述了英语教学中的思维模式及各种方法研究，进而对教学模式的改革做了阐述，最后探讨了慕课资源及翻转课堂在英语教学方面的应用。

　　由于笔者水平有限，加上时间仓促，书中疏漏与不足之处在所难免，恳请有关专家和读者批评指正。

目 录

第一章　英语教学概述 ································· 1
　　第一节　英语教学模式及现状 ······················· 1
　　第二节　英语教学对象及方法 ······················ 13
　　第三节　影响英语教学的因素 ······················ 26
　　第四节　英语教学中的体验与实践 ·················· 47

第二章　英语教学中的思维模式 ······················· 51
　　第一节　创新思维与英语教学 ······················ 51
　　第二节　模仿思维与英语教学 ······················ 55
　　第三节　艺术思维与英语教学 ······················ 61
　　第四节　理性思维与英语教学 ······················ 64
　　第五节　思维模式负迁移与英语教学 ················ 72
　　第六节　英语教学中思维模式的培养 ················ 78

第三章　英语教学的方法研究 ························· 81
　　第一节　交际教学法 ······························ 81
　　第二节　直接法 ·································· 87
　　第三节　语法翻译法 ······························ 92
　　第四节　情境教学法 ······························ 97
　　第五节　听说法和认知法 ························· 108
　　第六节　全身反应法 ····························· 118
　　第七节　任务教学法 ····························· 126

第四章　英语教学模式的改革 …… 133

第一节　英语教学目标的重立 …… 133
第二节　英语教学模式的重构 …… 137
第三节　英语教学方法的变革 …… 143

第五章　MOOC 资源在英语教学中的应用研究 …… 149

第一节　英语教学中 MOOC 资源的应用 …… 149
第二节　MOOC 资源对英语教学的促进作用 …… 156
第三节　英语教学中 MOOC 资源的开发与应用策略 …… 167

第六章　基于翻转课堂的英语教学设计与应用研究 …… 175

第一节　翻转课堂教学方法的理论探究 …… 175
第二节　基于翻转课堂思想的高校英语教学设计 …… 189
第三节　翻转课堂在高校英语教学中的应用 …… 197

参考文献 …… 216

第一章　英语教学概述

经过几十年的发展，我国的高职英语教学取得了显著的成绩。高职英语教学在教与学两个层面上的改革都取得了明显的进步，在教学理论、教学内容、教学方式、教学效果、教学实践上都有较大的改变。但随着社会的发展，社会各界对大学生英语水平提出了更高层次的要求，高职英语教育教学的研究与发展与本科大学的英语教育教学的研究与发展还存在很大差距。高职教育的目标是为社会培养高素质劳动者，在英语教育方面更应该注重应用性和实际效果。

第一节　英语教学模式及现状

一、英语教学模式

目前学校中关于英语教学有很多种模式，最主要的有以下几种。

（一）输入输出式教学模式

输入输出式教学是现阶段我国公共英语教学的主要模式，也是英语教学的主要模式，输入输出教学模式要求教师从学生的预习、上课、作业、考试等学习过程设计"输入—输出"活动，从教师的备课、讲课、辅导、批改作业、成绩考核等教学过程设计"输入"方式，教师将自己掌握的东西尽可能地灌输给学生，学生将所接收的东西应用、合理地"输出"，就达到了教学目标。

（二）交往讨论式教学模式

在课堂上或者课下教学，教师往往会以给学生成立一些类似于英语学习小组的形式组织学生展开讨论，大胆地用英语交流。在很多学校中，要求各个班级的学生必须展开英语交流会、英语辩论赛等活动，并将这些活动写成报告材料提交，作为评优考核标准之一。

（三）融合其他学科形成的教学模式

大学教学模式中最理想的状态就是将各个学科综合起来，融会贯通。语言虽然作为一种特殊课程，离不开和其他课程的配合，在教授学生专业知识的同时，需要和其他课程有机地结合起来，共同促进学生的成长与进步。大学公共英语教学也存在这种情形。现在很多学校都展开了"双语语码转换式教学模式"，即要求各个学科的老师将平时在授课过程中所涉及的英文部分转化成汉语传递给学生，这也是公共英语教学的一种很重要的模式。

（四）构建有效的英语教学模式

构建合理有效的英语教学模式需要经过老师及学者不断努力与探索。

1. 英语教学模式要立足于现实

公共英语教学模式在构建的过程中会存在很多困难，需要经过多方位的探索。但是在构建学生公共英语教学模式时不要脱离实际情况，如学校的教学环境、师资力量等因素都需要综合考虑，应立足于现实，并在实施过程中不断修正，才能保证良好的教学成果。

2. 英语教学模式要注重学生的内在因素

英语教学模式的改革要注重学生的内在因素。随着人文主义的兴起，学生的学习态度、学习信心等内在因素在学习过程中的作用非常明显，在设计教学模式时要把学生的内在因素考虑在内，这样才能保证教学活动的顺利进行。例如，有的学生基础比较弱，教师在教学过程中可以有针对性地教学，对其实施"一对一"教学模式。

3. 英语教学模式要注重跨文化研究

英语教学模式的改革要注重跨文化研究。近年来，国内外在英语教学研究中逐渐打破语言教学的狭隘语言中心主义，转向从更宽广的视角——文化的角度研究英语语言教学模式，文化在英语教学模式中的体现日渐突起。关于跨文化的教学与研究已经有很多学者和专家进行了解读，普遍的观点是，跨文化的学习对学习英语有正面的积极作用，学生需要在英语学习中了解文化的多元化发展和多元化内涵，有助于更好地学习英语和培养英语思维。

4. 英语教学模式要以学生为中心

传统的教学模式往往以教师为中心，英语教学模式则要以学生为中心。教师可经常组织活动，让学生积极参与并作为其中的主导者角色，以课程内容为相关背景与大家分享，这样不仅可以培养学生对英语的浓厚兴趣，也可以使教学形式更加多样化、多元化，有利于学校教育事业的发展。总之，英语教学研究要从实际出发，发挥学生的主观能动性，注重学生的内在因素，切实符合学生的发展，使大学英语教学模式更加符合学生的特色发展，也更加符合未来社会对人才素质的全面需求。

二、英语教学模式的思考

近年来，我国的英语教学有了长足的发展，从教学大纲的科学设计到交际化课堂教学的实践探索，从教学法流派的争论到语言习惯本质的深层研究，从方法到理论，从外到内层层展开。当然，发展过程不可能是一帆风顺的，所以其中又不乏一些不恰当之处，可提出来共同探讨，以利于英语教学的发展。教育肩负着一个民族的未来，教育的实施离不开教学活动，在大众教育里，教学绝大部分在课堂中进行，由于课堂教学直接影响着素质的培养，因此可以认定教学活动的主战场和前线就在课堂。这也是人们不断改革，深入研究课堂的原因之一。

教材是死的，课堂是活的，英语教学尤其如此，这个提法对大家来说并不陌生，但是又有多少教师不自觉地进行着照本宣科，有多少学生在课堂上不能集中注意力，对英语没有多大兴趣。但造成这种局面的原因又不是单一的，看看近年来采取的对策，证明教育战线上的工作者已经为之并正在为之努力，也的确已经采取和正在采取一些措施进行纠正。例如，学校引进了多媒体教学仪器进行辅助教学，教室里附加一些设备，甚至建立了大型的多媒体语音室，给学生带来了声音与图像的盛宴，聘请了外教，试图让外教吸引学生的眼球，好让他们"聚精会神"起来，还邀请了国内外或国内某些知名的专家、学者、教授，不定期地做指导、办讲座、搞评估，甚至聘请他们担任名誉教授，使教学内容涉及教学与教学发展的各个方面。

教书和育人，这两方面是支撑起教育事业的大厦。但在教育实施过程中容易出现，两手都在抓，两手都不硬，耗资巨大的教学辅助设备，价格不菲的语音室及其操作管理系统，高额的使用费和维护费，却往往不能带来很好的对教学的推动作用，有时物不尽其用，导致资源浪费。聘请的外教良莠不齐，真正懂教学又了解中国学生学英语现状的凤毛麟角。

教学的关键是课堂，那么使课堂优质高效便是亟待解决的问题。英语教学的目的是培养听说读写能力，交流思想与文化，那么课堂的内容就理应围绕这个中心展开。19世纪末以前，英语教学还只停留在解决为什么教英语的层面上，当时各国间的交往还不十分频繁，学英语更多的是为了开阔眼界，了解外国文化。

在当时的时代背景下，翻译教学法在欧洲的英语教学中也得到了极大的重视。由于翻译的重点在于书面语的阅读和理解，口语只处于从属地位，因此就当时的社会环境而言，它反映了英语教学的部分规律，是实用的，也满足了当时社会的需要。接下来是19世纪末到20世纪40年代，由于社会政治经济各方面都发生了巨大的变化，谈判和外交活动日趋频繁，商业交通日益发达，语言不通越来越成为各国人民直接交流的障碍，人们更迫切需要口头交际能力，使得翻译法逐渐降温，最终让位给直接法，而直接法又合乎时宜地解释了英语教学教什么的问题，即直接建立思维联系，以口语为基础、以模仿为主，注重直觉，当语言学不再停留在机械状态的时候，英语教学又翻开了新的一页。

英语教学怎么教被提出来并为以后的问题解决奠定了坚实的基础。语言学习技能化是当时英语教学极其鲜明的标志，其物化的具体表现便是大型语音实验室的出现。但美中不足的是，它的效果并不总是那么理想，对于无休止的模仿和重复，人们开始感到厌倦和怀疑，形式主义和经验主义已经不合时宜，此时的人们又开始考虑语言获得的机制以及认知过程的机理，不断恢复古典语言学中的理性。从20世纪60年代下半叶起，各种新的英语教学思潮相继出现，有以批判语法结构为中心的教学体系而主张以连续情景为中心的情景教学或视听教学，有以批判习惯形式论为中心而主张认知习得论的认知法，有以批判语言结构论为中心而主张语言功能理论的交际法或功能法，还有以批判教师和课本为中心而以学生为中心的沉默法、顾问法、暗示法等。可以说当前的英语教学方法各异、百家争鸣、各有千秋，值得借鉴并付诸实践。

纵观历史，横比中外，重视英语教学课堂是当务之急，它的关键不是建立更大、更豪华的语言实验室，不是聘请更多、更好的外教，更不是聘任更高更权威的专家教授，在现有的教学设施基础上紧紧抓住课堂，不失为一个好办法。理论最终还是要为实践服务的，综合而论、综合而学、综合而用，灵活机动地掌控教学的过程，宜"翻译"时且"翻译"，宜"听说"时就"听说"。

三、英语教学现状

（一）教学模式单调

目前很多在校学生在中学时接触的英语课程运用的是以老师讲课为主的教学模式，大部分学生都是在老师的灌输下被动地学习英语。然而，进入大学之后，虽然授课老师的水平比以前高，但是在教学模式上还是一成不变，这就很容易导致学生对英语学习不感兴趣，缺乏动力。相对于其他专业课而言，英语是一门比较枯燥的学科，如果不能在教学模式上进行革新，就很难提高学生学习英语的积极性，学生的英语水平很难提高。因此，相对单一的英语教学模式是目前英语教学的普遍状况。

（二）不注重学生能力的培养

当今的社会，英语已经成为各行各业从业者的必备技能，也是就业时很多企业考虑的重要因素。然而，目前普遍注重的是学生的英语成绩和过级率，很少关注培养学生的英语应用水平，这造就了一大批"高分低能"的英语人才，不但不利于学生的职业发展和未来的就业前景，整体上也不利于我国人才技能的提升。

（三）评估方法不合理

应试教育是我国自古以来就存在的教学模式。在当今世界一体化程度不断加深的时代，在竞争激烈的社会中，以考试成绩为标准选拔出来的人才并不一定能满足社会对人才的需求。为了更好地与社会需求接轨，为我国培养更多适应时代发展的人才，各大高校就要改变以前对英语水平评估的方法，制定一个更合理的评估指标，不能仅仅依靠英语考试的成绩来评定一个学生的英语水平。

（四）英语教材更新缓慢

从各个学科的教学来看，教材是知识的载体。一部好的教材能在很大程度上帮助老师传授知识。然而，过去各大高校使用的英语教材普遍更新缓慢，有些甚至还是很多年以前用的老版本，这不但不能使高校英语教学跟上时代的步伐，更不能丰富学生的英语课程，而且长期使用同一种教材教课，也会使老师产生疲惫感，使教学失去新鲜感，从而在某种程度上导致教师的教学积极性下降，同时也不利于提高英语教学水平，好在现在已经意识到这个问题。

（五）束缚于传统教学模式

以全国大学英语四、六级考试为例，其目的在于促进大学生学习英语的积极性，提高大学生的英语能力和水平。但很多学校仅仅为了保证通过率，没有把大学英语教学重点放在提高学生实际英语能力上，致使很多学生掌握的只是单词和语法，根本无法运用英语进行交流，口语能力弱。上述情况，归根结底是因为大学英语教育模式仍在走过去的老路子，导致学生实际运用英语的能力不强。

（六）大学英语教师教学水平较弱，科研能力不强

就当前情况来说，在英语教学管理过程中，学校各级教学管理部门往往侧重于安排定量的教学工作任务，忽视了对教师英语能力的培养和科研水平的重视，没有努力地对英语教师的学科科研工作给予大力的支持，使得教师的工作重心不明确，影响了英语教学质量和教学水平。可以说，英语教师总体科研水平不高，学校并不注重加强以课堂教学为主体的教学研究意识，也间接地影响了教师们科研能力的提升和对科研的投入。

四、英语教学现状原因分析

目前我国英语教学偏于应试教育。而在大学阶段，英语教学仍没有淡化应试教学的色彩，反而有朝着"考研是目标，四六级是关键"方向发展的趋势，最终导致了英语教学没能达到实际应用的目的。在课程标准设计上，以词汇为例，单词分为几个阶段，像一字排开的长蛇阵，看似循序渐进，其实这种长蛇阵只适合知识类课程的学习，而不适合语言类课程的学习，毕竟语言学习的实质是技能的掌握和实际的应用。

在这个一字排开的长蛇阵中，前两个阶段耗时太多，这些单词不是以"学得"作为指导思想的产物，阻碍了学生语言知识的积累和语言技能的培养。后面两个阶段的学习是在大学期间完成的，此时的英语被设置为公共课程，学生已经无力培养和发展听、说、读、写的综合应用能力，最后只为了应付四六级考试。大学阶段本该是把英语作为工具去学习专业知识，然而现实却是学生都还在拼命记单词、背语法，学英语。

（一）我国英语教学问题

1. 教学指导思想有偏差

教学指导思想的偏差导致了整个中学阶段所学内容太少，把过多的任务留给了大学，造成了"蛇头虎尾"的现象。以词汇量为例，国际上非英语国家

的高考词汇量大都在6000个以上，而我国的高考词汇量长期以来是2000多个，最近几年才增加到3000多个。如同木桶盛水的原理，一块板短了水就无法盛满。

2. 语言的输入量太少

语言的输入量太少是当前学生英语不理想的主要原因。语言技能的培养和形成是输入和输出的过程，没有足够的输入就没有理想的输出；而当前学生对词汇、句子和文章等语言知识的重视不足，对听、说、读、写的训练远远不够，导致了整体语感较差、应用能力较弱。

（二）我国英语教学问题解决对策

1. 通过调整英语教学指导思想来获得更高效的学习方法

应调整指导思想，改变传统理念，探索更高效的方法，从宏观到微观，对当前的小学、中学和大学的大纲和教材进行全面改革。具体地讲，首先，在词汇量设计和分配上，把之前提到的"长蛇阵"改为"折叠式"，即将6000个单词作为一个整体，有计划、有方法地在初中阶段集中识记。建议中考的词汇量可设置为3000个，高考的词汇量设置为6000个；初中3年的主要内容是认识单词，理解语法；高中3年的主要内容是在6000个词汇量的基础上，进行听、说、读、写的训练；到了大学，自然而然地把词汇量提高到8000个，甚至10000个。学生在这时就能使用英语学习各自的专业。在使用的过程中，把英语提高到较高的水平，首先就是要遵循英语教学规律，寓思想教育于语言教育学之中。英语教学的任务是通过基本训练，培养学生为交际运用语言的能力，只有按照英语教学规律进行教学，才能有效地讲解基础知识。教师要对学生进行基本训练，培养学生听、说、读、写的能力，教学内容要渗透思想道德因素，寓思想教育于语言教学之中，使学生在掌握基础知识和基本技能的同时，其思想品德也受到潜移默化的熏陶。除此之外，教师还应当精讲基础知识、加强基本训练，着重培养为交际运用英语的能力。在此过程中，培养、提升学生的英语思维能力。

2. 通过练习来提升词汇量

（1）词汇数量要充足

尽可能使中考词汇量达到 3000 个，高考词汇量达到 6000 个，在大学阶段，4000 个单词属于核心词汇，而学生的阅读词汇量要超过 8000 个，最好能达到 10000 个。

（2）质量要达标

在对质量的要求上，熟练度是关键。如果熟练度达不到，单词是无法使用的，因此，学生在进行英语记忆时，一定要确保真正了解词语本身的意思，以提升自我整体的词汇质量。

（3）方法要科学

要利用规律记忆，绝不能单纯地死记硬背。单词的含义尽量做到既能知其然，又能知其所以然，获得良好的效果。例如，根据英汉之间的联系来认识一批单词，如 Book 就是汉语的"簿"，Pool 就是汉语的"泊"，Sum 就是汉语的"数"等。

当然，合理运用思维导图的方法也会达到事半功倍的效果。比如，学生在学习中华传统文化时"compass"这个单词时，可以以"Chinese Culture"为中心，由此联想到关于中国文化的其他词语，如刺绣（Embroidery）、火药（Gunpower）、太极（Tai Chi）、武术（Martial Arts）等，这样在学习一个单词的时候就同时学习了其他的单词，同时思维导图的简易性和直观性还能使学生节省大量的学习时间。

3. 通过背诵来培养语言技能

把背诵口语句子作为提高口头表达能力的方法之一。做法是要求不同专业和年级的学生背诵精选出来的英语句子和篇章，采用"口语模板训练法"。另外，还应把文章背诵作为培养语感的方法之一，可采用"诗词捆绑记忆法"，要求学生背诵阅读课文全文。

4. 通过掌握记忆法来提高语言输入量

科学的记忆法可以提高学生的记忆力和学习能力。科学的记忆法可以增强内容的熟练度，熟练度是发展语言技能的关键一步，熟练度不够是英语不理想的根本原因，因此，学生在学习时一定要反复练习，确保真正地获得语言知识。

五、对中国英语教学现状的反思与建议

信息化和经济全球化使英语的重要性日益突出，英语教学在中国受到教师、学生及全社会的普遍重视。现从以下几个方面来探讨。

（一）英语教育中的不合理性

大多数学生的多数生活空间是在学校和家庭，对外界的认知不够，因此，让学生多接触生活素材，会提高其学习兴趣。长期以来，试题的形式和内容对学生的知识、技能、能力、素质的检测有较大的片面性。听、说、读、写、译，只检测了听、写、译，学生的应试能力和工作所需的应用能力相脱离。教学方法以应试为目标，不合理、不科学，教学目标在微观上不明确，教学内容过于死板，教师缺乏教学的自主性和灵活性。

（二）对英语教学的反思

随着时代的发展和社会的进步，英语已从一种工具变成了一种思想、一个知识库。只有在教学中不断反思、不断改进，才能适应不断发展的社会需要。英语学习、英语教学受到人们的普遍重视，因为语言是人类思维的工具和认识世界的工具，掌握一种语言也就掌握了一种观察和认识世界的方法和习惯。结合教学经验和教育现状，大学英语教学者应从以下几点进行反思。

1. 用持续不断的语言知识，培养学生持久的兴趣

英语教学要重视培养兴趣，但只靠唱歌、游戏等不能培养学生持久的兴趣。新鲜劲一过，学生就会厌倦。所以，唱歌、游戏等应该作为学生学习英语语言知识、技能的一种手段，而不是培养兴趣的手段。可以采用多种手段帮助学生在记忆力强的时期多记单词，多学习语言规则，并尽可能多地创造模仿的机会，提高学生的语音和语调。在英语学习中，听、说、读、写、译五种

能力是可以互补的。真正做到听说先行，读写跟上。光听说不读写，很难收到高效，只模仿不培养学习能力，也难减轻学习负担。

2. 英语应用能力需要掌握记忆词汇的规律

在刚进入大学的英语教学中，在要求学生掌握词汇的同时，需要学生能根据情境和上下文来记忆单词的意义，通过发音规律来拼记单词。对很多学生来说，由于学生没有熟练的读音规则训练，不熟悉词汇的拼写规则，单词的音、形、意三者不能有效地结合在一起，因而导致了单词记忆的困难，并成了学生学英语的瓶颈。所以听、说重要，单词记忆还是基础之基础，需要教师适当引导和加强监督，促进学生对单词的应用与记忆。

3. 英语教师应有发展意识

一直以来，人们对英语教师的语言知识能力要求不高，认为学习英语简单，不需要太好的语言功底，只要有良好的教学技能就可以了。然而时代在进步，社会在发展，同样英语作为人们最广泛的交际用语之一，更是随着高科技的迅猛发展而日新月异地变化着。如果英语教师故步自封，不求进取，那么不但自己的语言知识很快陈旧落伍，而且在教学中很快会形成一些障碍因素，影响教师的职业发展和专业提升。

现代英语的变化特别是口语方面的变化可从以下几个方面体现出来：

（1）随着生活节奏的不断加快和国际互联网的形成，人们之间的交际变得越来越简洁，说话简单快捷，是现代人生活的一大特征。包括一些缩略语的使用：OMG（Oh My God）、POV（Point of View）、BRB（Be Right Back）、GF（Girl Friend）、NOYB（None of Your Business）。

（2）随着现代科学技术的迅猛发展，现代英语词汇急剧增加，并且人们发现，现代英语词汇有相当一部分是取得新义的旧词，如 input（输入电子计算机的数据）、store（电子计算机的储存器）、drive（计算机驱动器）等。

（3）口语不断侵入书面语。学过英语的人都知道，英语有正式、非正式、书面语、口语、方言、俚语之分，然而当今它们之间相互渗透的现象越来越普遍。英语教师如果不跟上时代的步伐，不坚持学习和接受新事物，不了解现代英语发展的现状和趋势，那么所教出来的学生一旦离开学校走向社会，就会发现他们所学的英语是多么"bookish（书呆子气）"。而教师自己则可能甚至连学生所津津乐道的一些常用语也会出现理解性的错误。

（三）英语教师应有文化意识

在英语教学中，因为课文的简单易懂：所含的信息量少的缘故，很多英语教师忽视了文化对语言的影响，而导致一些语言情景的不真实，以及虚假语言的产生。跨文化交际意识的培养是英语教学的一个重要组成部分。词汇是文化信息的主要浓缩，对英语词汇的准确理解和对语言环境的认识、创设和把握，需要对文化有比较深刻的理解。外国文化知识的获得主要是通过对该民族文化历史的研究和学习、对该民族语言文学作品的研读和对该民族文化生活习惯、生活方式的了解。而阅读原版英语经典著作，是达到目的的捷径。

（四）英语教师应有情感意识

从教育心理学的角度看，学习过程中影响学习效果的最大因素之一是学生的情感控制。近几十年来，人们越来越意识到在英语学习过程中，学生的情感因素（包括动机和态度等）对英语学习的效果乃至成败起着相当大的作用。如何将素质教育理论引入英语教学是当前英语教学的一大课题。英语学习成功的因素中，除了智力因素外，更重要的是那些非智力因素的作用。英语教师的教学重点是放在教学内容、《英语课程标准》和考试形式上，还是将教学重点转移到学生的性格、兴趣、情绪等方面的培养和控制方面，这是现代教育思想转变的重大原则问题。事实证明，认为自己"民主、开放、平静、友好、体贴、乐于助人、聪明、富于逻辑性和快乐"的学生，一般来说，其学习英语成功的可能性要大于与上述性格相反或相差极大的学生。另外，在英语学习过程中，由于外界因素的影响，学生会出现焦虑沮丧烦躁不安等情况，英语教师作为教学活动的组织者，应注意对学生情感因素的培养和控制。尤其是在刚进入大学阶段，英语教师要培养对学生的亲近感。在课堂教学中英语教师要尊重学生，注意激励学生、关注学生的学习过程，英语教师尤其要注意学生在课堂上的心理感受、亲近学生,使学生喜爱英语教师和英语课,从而提高英语课堂教学的效果。

第二节　英语教学对象及方法

一、英语教学对象

主体性教育是根据社会和现代教育发展的需要,以启发和引导受教育者以教育为主要需求目标,并培养学生独立自主、自觉能动、积极创造地参与实践活动的社会主体的教育。在整个教学活动中,学生是特定的认识主体和信息交换的主体。在教育活动中,学生主观能动性的发挥对教育活动的成效起着重要作用。在新一轮的课程改革中,教学活动越来越重视学生在教学过程中的重要性,不再一味强调教师应该如何进行教学,也不再一味强调教师主体的重要性,而是开始全方位地关注教育的双方,尤其是作为受教育者对学生的主体作用,实施教育改革,进行素质教育,最基本的一点就是一定要转变学生的地位,让学生由被动知识接受者,变为主动知识接受者,变苦学为乐学,课程改革要求"坚持以学生为本,以学生发展为主体"。这就要求今后教师在课堂教学中着重关注教育对象,要以培养学生的基本技能,创新能力的发展为主,让学生成为课堂的主导,教师只是课堂的导演。课堂上要让学生积极参与教学,充分发挥学生的主体性。学生是一个特定的社会群体,其既是社会存在的重要组成部分,同时又有不同于其他社会群体的特殊性。

（一）学生概述

1. 学生是素质全面发展的完整的人

学生的特殊性表现在其是处在不断接受他人教育的群体。无论是处在人生的哪一阶段,一旦成为学生（受教育对象）,那么在家庭、学校和社会当中,就要不断吸收各种有用的知识,使自己不断成长。只有这样才能使学生的素质得到全面的发展，最终成为完整的人。

2. 学生都是有"目的"的

学生都有其需求的东西。所谓"学"，是指要学习的东西，学生学习知识都是有目的的，包括生存、学识、爱好等。在不同的年龄阶段，学生的目的也各不相同，但唯一不变的是学生的学习都有其存在的合理意义，所进行的教学活动都是有章可循的。同时，学生是有情感、有需要的，为了满足这些情感和需要，其必须进行学习。

3. 学生具有人的独特性

学生区别于其他群体的独特性在于其所在的环境和所要遵循的制度是特殊的。正如国家有法制，公司有规章，学生也应遵守适合其身份的纪律。学校是社会中特殊的环境构成体，在这里，学生有区别于社会人独特的一面，即其会在一个相对单纯的环境中学习各种生存和发展的知识和技能。同时，学生具有的自我能动性使学生能进行自我做主，努力使自己成为完整的个体。

（二）学生发展的特征

在科技日益发展的今天，"学生"的范围也在不断扩大，现在的学生不再局限于用年龄来衡量，很多成年人为了自身更好的发展也重新返回校园接受再教育。尽管如此，学生的发展依旧有下列特点。

1. 具有发展的空间和潜能

学生可能没有任何社会经验，在个人发展上属于空白，也正因为如此，才会使学生在学习中有足够的空间去选择，在发展的程度上有足够的深度去挖掘。也正是因为学生尚未定型，才会为国家、为社会提供多样化的人才。

2. 具有发展的必要

学生的日常大都在校园里，对社会中的各种人情世故了解甚少，因而在学习中有必要对其进行正确的引导，从而使学生能够在离开校园踏上社会后有足够的能力解决各种问题，谋划自己的道路。

3. 具有依赖性，需要得到成人的保护、照顾和管教

作为没有任何社会经验的群体，学生的成长环境至关重要，如果缺乏必要的保护和管理，那么对作为国家建设接班人的学生会发生何种变化很难进行预测，因而更应该对学生进行合理的管教。

（三）学生的主体性

主体性是人的本质，是最根本的属性，发展人就是要发展人的最本质的属性，教育的基本功能就是促进人的全面发展。从这个层面上来说，教育的根本目的就是发展和培养学生的主体性。学生是教育活动的主体，但关于学生的主体性特征却存在着不同观点：一种观点认为，学生主体性并不是主体各种特性的简单相加，而是它们发展到一定阶段的结晶，是学生"在对象性活动中表现出来的本质特征"，这些特征是能动性、社会性、自主性、创造性。另一种观点认为，所谓主体性，指的是作为认识主体在处理外部世界关系时的功能表现。教学认识的主体性，一方面表现在对外部信息的能动选择上，表现出自觉性、选择性；另一方面也表现在对外部信息的内部加工上，受学生原有认知结构、经验、思维方法、情感、意志、性格等的制约，表现出独立性、创造性。也有学者提出，人的主体性是由人的现实性、有效性、能动性、创造性和自主性构成的。还有学者提出主体性的特征是整体性、自主性、能动性、创造性、独特性和发展性等。这些研究都有自身存在的特点，对于人们拓展思路，促进学生主体性问题的思考有着重要意义。

（四）学生的主体性教育

1. 主体性教育的特征

主体性教育作为一种新的教育思想，继承和超越了传统教育思想，既保留了传统教育的那些反映规律性的共同特征，又有自己个性鲜明的独特特征。

（1）科学性

教育的作用就是根据学生学习的客观规律，通过牵引作用引导学生积极思考和独立活动，从侧面将人类的认识成果转化为学生的知识、智力和才能，

而不仅仅灌输给学生思想观点，这样才能使学生获得合理的知识、智力和方法结构。

（2）民主性

民主平等的人际关系是在师生关系中营造出的一种活泼生动、和谐的教育氛围，这是学生主体性发展的基本条件和前提。教育的民主性主要体现在两个方面：一是把教育变成一种民主的生活方式，提高学生的地位，使学生在学习活动中发挥主体性，让学生可以生动活泼、自由地发展。二是要实现教育内容的民主意识，使学生的民主思想、民主精神与能力相结合，让学生在学习中逐渐培养民主观念，以民主化的教育培养一代富有主体性的新人。

（3）活动性

学生主体性的发展是以活动为中介的，学生只有投身于各种教学活动之中，其主体性才能得到良好的发展。学生在活动中形成并发展主体性，也就是说，活动是影响学生主体性发展的决定性因素。

2. 主体性教育的原则

教育学生是教育的出发点，从本质上讲，主体性教育是以培养和发展学生的主体性为目的一种社会实践活动，这一点也决定了其教育定位是以育人为本，尊重学生的个性，把促进他们的主体性发展置于核心地位，充分调动他们的自主性、能动性和创造性，同时促进学生主体性的全面、和谐发展。

（1）主体原则

活动是发展主体性的基础，是主体性的存在形式。主体性通过活动表现出来。在教育活动中，要想学生的主体能动性得到发挥，就要教育重视学生的自主活动。并为学生充分展示其才能创造机会和条件。只有这样才能使学生在教育活动中充分发展自己，为自己的主体性发挥积累经验，以获得生动、活泼、主动的发展。

（2）多样化原则

所谓的多样化，是指教育过程中课程设置的多样化。在教育过程中，学生知识和经验多数是以课程活动的形式获得的。传统的课程设置使学生的受教育形式受到很大的束缚。因而，为了更好地促进学生的个性全面、和谐发展，要求教师对课程类型进行多样化设计，使学科课程与活动课程有机匹配，协调互补。同时根据实际情况设计各地方课程，因地制宜，一纲多本，在最大限度上促进学生主体性的发挥。

3. 推动学生主体性教育

（1）转变教师的教学观念，突出学生在课堂活动中的主体地位

教师的正确引导对学生主体性的发挥有着至关重要的作用。教师必须正确认识、认同学生在课堂学习中的主体地位，把学生看作课堂的主导。最终确立学生的主体性地位，在学习过程中通过启发、点拨、设疑、解惑等方式，引导全体学生参与，使传统的"一言堂"转变为如今的"群言堂"，引导学生参与学习的全过程。在培养学生的主体性学习方面，教师应做到：凡是学生能独立解决的绝不代替，凡是学生能独立发现的绝不提示，凡是学生力所能及的都由学生自己凭能力解决，以此发挥和发展学生的学习主体性，使学生的智力和创造力在自主参与学习的过程中得到发展和提高。

（2）创设学生自主学习的课堂氛围

倡导师生平等和谐的课堂气氛，有利于真正地实现民主教学和民主课堂，这是培养学生主体性的重要客观条件。在课堂教学中，教师要积极引导学生思考，鼓励学生发表自己的见解。通过师生间的民主讨论使学生获得新知识、新观点。教师要摒弃"满堂灌"的传统教学模式，给学生独立的思考时间和空间，充分调动学生的主体能动性。同时，教师对不同水平的学生要一视同仁，同时还要做到"因人而异"，对待学习困难的学生，要学会针对其不足之处提出相应的学习建议，多一份关爱，少一些批评。还要鼓励学生之间平等互助，帮扶学习，不要让优等生产生优越感，也不要让后进生产生自卑感，这样才能使师生关系和谐，生生关系和睦，学生更积极主动地参与学习。

为学生主动参与教学活动提供机会。设置认知冲突是提高学生课堂参与度的重要环节。学生的参与欲望是一个十分重要的因素，教师应正确运用这一因素，在教学活动中引导学生参与课堂活动，同时要发现学生的认知冲突，

这是学生学习动机的源泉，是学生学习欲望提高的不竭动力，推动学生积极参与思维学习。所以，教师在教学中要不断设置认知冲突，激发学生的参与欲望。运用实验探究法充分发挥学生的主体作用。在实验探究教学中，教师要明确学生原有的知识基础，对预期学习目标有明确认识。充分发挥自己的思维想象进行方案设计，通过实验检验，使学生对设计方案得到初步定位。同时，对学生在实验中的不同现象和问题，教师应主动设计问题分析环境，让学生参与到问题分析、解决和讨论中，将传统的教师讲解学习方式转向互助合作，通过合作的形式使学生主动参与学习。

二、英语成绩提高的方法

在英语教学中人们常反思这样一个问题：怎样让学生对英语学习有兴趣，有信心呢？教学实践告诉我们：影响学生学习质量的因素既有客观的情境因素，也有学习者自身的主观因素，如强烈的学习动机、浓厚的学习兴趣、强烈的求知欲等情感态度影响着学生的注意力和努力程度，也影响着学生克服困难的意志力和坚持性。另外，足够的学习信心和正常的、健康的心理状态也是提高学习效果必不可少的因素。那么如何提高学生的英语成绩呢？

（一）培养兴趣是英语教学成功的基础

兴趣是指人力求认识和趋向某种事物，并与肯定情绪相联系的个性倾向，是学习积极性的起点。学生对英语学习是否有兴趣，主要取决于以下几方面的因素：师资水平的高低、教材的难易程度、教学的方式方法、教师和学生对英语学习目的的界定，教师操练程度和学生接触英语的频率等。为此，教师要从这些方面入手，从多角度激发学生学习的主观能动性，提高学生接触英语的频率，从而切实提高学生学习英语的兴趣。

（二）适时地增强学生英语学习动力

所谓动机是一种由需要推动的达到一定目标的行为动力。在一定范围之内，动机作用的增强有利于学习效率的提高，当动机作用处于适宜强度时，学习效率最佳；当动机作用的强度超过一定界限时，学习效率就会下降。从现实来看，学校学生英语学习动机不强的原因在于以下几方面：英语非母语，不具备学习所需的社会语言环境，学生除了课堂以外难以学习；现阶段大多数学校的教学条件不够完善，不能给学生提供一个良好的语言情境；升学后，新课程较多，学生难以兼顾；社会历史因素的影响，造成部分偏远地区学生不重视英语的学习。面对这些状况，教师在英语教学中必须让学生明确学习的目的不应仅仅是为了应付考试，它更是与外界交流、拓宽视野的一种工具。而在学习过程中，在多创设英语问题情境，使用多样的英语教学方式、方法的同时，应鼓励学生使用英语作为交流的手段，激发学生的求知欲，让学生充分体验使用英语交流的经验；同时可以开展学习竞赛，让学生在交流中发现自己的问题和不足，并给予及时、客观的评价，鼓励学生树立正确的自我评价观。

（三）让学生树立足够的英语学习自信心

自信心对英语学习至关重要，自信心强、敢于面对问题的学生获得成功的概率远远大于自信心弱、羞于表达自己的感受、焦虑感过重的学生。首先，每位学生都是独立的个体，其知识基础、智力水平、学习技能、身体素质等都不尽相同，教师不能简单地以学习成绩高低作为评判的唯一标准，要全面地分析和了解每个学生的情况，多给学生实践的机会以及接受老师和同学评价的机会，注重学生有效发展。因此，教师在英语教学过程中要采取多种方法创造愉快和谐的课堂氛围，并要求自己和学生采取宽容的态度，正确地看待发生语言错误的同学。其次，允许学生间存在差异，让学生在学习时有自我适应阶段。最后，课堂训练前要首先让学生明确操练的方法和目标，确保学生会练会用，增强自信心。

（四）既培养英语能力，又在不同阶段有所侧重

阶段侧重原则是英语教学中一条十分重要的原则，恰当运用会对教学起到很大的作用。在英语教学中，听、说、读、写四个方面是紧密联系、相辅

相成、互相促进的。教师在教学过程中要尽可能地让学生进行全面训练，但要在每节课以及每个学习阶段都做到全面训练是不太现实的，因此应该在各个学习阶段略有侧重。而阶段侧重的原则应该是听说领先、读写跟上。具体来说，在学习的初级阶段，应以听说训练为主，利用学生活泼好动、模仿能力较强的特点，加强听说的训练，并在听说的基础上开展读写训练，而到了中级阶段，学生的逻辑思维能力有了很大提高，可以让学生适当进行阅读训练，扩大其知识面和词汇量。最后是高级阶段，这个阶段的学生比较重视阅读和写作，因此教师在教学中应有意识地强化阅读练习，尤其是多进行泛读练习，并指导他们开展写作训练。

（五）合理运用多媒体学习英语

各种新媒体层出不穷，我们应当充分利用新媒体的优势，学习英语也不例外，公众号作为一种兼具共享性、交互性、自主性的新兴传播媒介，为高校学生的英语学习打开了一扇崭新的大门。对自己制作公众号的学生而言，每一期推送内容的搜寻和选择都需要大量的阅读和思考，推送的频率和形式都由他们自己来决定，这给予了他们前所未有的成就感。每一期简洁、精练的内容，都包含了整个团队所有成员的辛勤劳作。运营公众号的同时，要想保证课堂学习的质量，就必须提高学习效率，合理、高效地利用时间。公众号制作的团队内部、团队与团队的合作，以及学习者对公众号推送的留言和反馈都能促进学生之间的交流，提高其英语水平。由此看来，公众号是非常有效的英语学习途径，教师必须发挥积极的引导作用，帮助学生筛选学习资源，制订合理的学习计划，监督学生定时、定量地完成作业，组织交流活动，促进知识的吸收。

（六）用激情激发学习兴趣

1. 激情是激发学生学习的关键

平淡的一节课不会给学生带来多大的影响，但长期的累积会扼杀学生的学习兴趣，使学生感到索然无味。作为教师，总是一味地抱怨学生的状态，却很少内省自己的教态。即使是一堂枯燥的理论课或语法课，只要精神抖擞地列出贴近学生的例子，辅以幽默的表达和教师的个人魅力，都可以把学生从枯燥中唤醒，效果不逊于一本正经、有板有眼的说教，这样可以提高学生的课堂参与率，学生因对老师本人的兴趣而爱屋及乌，自然就会重视老师教授的这一门课。

2. 激情可以营造课堂气氛

一位老师如能驾驭课堂便能营造出热烈宽松的课堂气氛。用自身的激情感染学生，授课时尤其要注意身体语言，利用自身的表现力，以达到意想不到的效果。例如，可以扮演一个地道的外国人，把他们日常生活中的动作和语言展现出来，与学生共演场景对话，再让学生模仿或补充，不仅可以师生互动，也可以促进学生间的互动。如果学生的兴趣从更深层面上激发出来，并内化为学习英语的主动性，那么要实现"学生为主，教师为辅"的教学目标也就不难了。

（七）遵循教学管理的基本原则

1. 全面性

确立大学英语教学管理的整理目标，所有的全局管理都要为实现目标而服务，从整个合理清晰的教学工作系统着眼，通过运用最优化的管理方法科学有效地组织起各级管理部门和教学部门，将每个教学环节科学有效地协调起来，将教学方法的更新和教师英语能力和素养的提高有机结合起来。

2. 阶段性

大学英语教学管理中，应该把各个阶段、各个环节的管理摆在中心，细节决定成败，不能疏忽每一阶段出现的管理问题，及时发现，及时解决，这样才能使整个管理过程全面而细致，从而保证教学管理和教学改革循序渐进。

3. 评估反馈性

大学英语教学管理过程中，各级管理部门要从教学思路、教学手段、教师教学设施的改善等各个方面客观、科学、准确地评估教学质量的优劣，建立和制定多层次、多类型的教学质量评估指标体系，定期定时进行教学质量检查，将检查结果第一时间做出统计，及时地把大学英语教学管理信息反馈到学校管理层，有益于整个英语教学的改革。

（八）建立严谨的英语教学管理系统

大学英语教学管理是要建立在高校英语教学组织体系基础之上的，此体系要求英语教学管理必须按照一定的目标、原则和方法，对大学英语教学管理的各个组分进行科学整合。一般来讲，应成立大学英语教学管理小组，小组的责任是建立一套详细的管理机制以及提高英语教学质量的改革方案，小组中每个单位确立相应的管理职责，负责系统的每一块管理，这样才会合理有效。小组通过充分组织调动有效的人力、物力、财力、时间和空间，将大学英语教学管理纳入科学、严密的系统中，从而保证整个组织体系有条不紊地高质量运行，各项管理目标的实现，保障大学英语教学管理高质、高效地运行，为提高大学英语教学管理效率和管理效果奠定坚实的基础。

（九）实施有效的教学管理举措

1. 健全教师管理和培训体制

加强大学英语教师队伍培养建设，着力提高教师出国进修考察，相互间进行经验交流，组织业务学习的机会，使教师不断更新教学理念，逐渐由传统教学模式转变到新的教学模式当中来。与此同时，合理地采取一些措施对教师的授课过程进行监控和反馈对于改善教学质量也卓有成效。

2. 扩建大学英语教学的学科梯队

注重从梯队中培养学术带头人，通过中期考核、评定，选取部分骨干教师，各部门积极组织开展大学英语教研活动，全面提高大学英语教师的整体素质，促进大学英语教学管理和改革有条不紊地发展。

（十）优化教案设计，引导学生逐层思维

教学教案是教师在教授学生英语课程之前所做的准备，教案质量的优劣关乎课堂效果好坏与学生英语思维训练成效的高低。大学生英语思维尚不完善，对文章的学习、解读、运用还需要教师的正确引导。因此，教师应利用

先进的教学条件和理念优化教案设计，在课程导入、文章讲解、知识运用、课下复习等环节激发学生的英语学习兴趣，加强锻炼，提升学生的英语思维。

例如，在阅读和学习 Social Media 的具体内容时，进行了层次分明的教学课件设计，具体内容如下。

（1）构建相关的英语话题，以实际生活为切入点导入课程，请学生回忆并讨论交流有关常用的社交媒体，如 WeChat、QQ、Weibo、Facebook、Instagram 等，以此提升学生的空间想象和再现的思维能力，英语与汉语交流能力，以及善于观察生活和将学习与生活相结合的英语思维能力。

（2）请学生自行阅读正文内容并总结在阅读中所遇到的难点、兴趣点、疑惑点，鼓励学生寻找和 Social media 话题相关的作者的态度表达，以此培养学生的自主学习能力、对英语文章的阅读理解能力、英语信息处理能力，掌握由简入难的英语学习思维。

（3）为学生播放对不同国家人们使用社交媒体的拍摄视频，并结合课文内容和视频，利用学生寻找的文章中的常用单词和句型，对相关话题做出相应的介绍。视频和知识讲解相结合的形式能为课堂教学增添更多的趣味，能引导学生的英语学习思维紧跟教师的授课步骤，借此培养他们的英语思维。

（4）播放相关的英文歌曲或者 TED 演讲视频，请学生运用态度表达句型，学习展示自己的观点，提升他们的英语思维能力。

（十一）统整英语课程，提升英语思维素养

重视并优化大学英语教学有效提升学生的英语思维能力和生活交际能力，进而促进其英语素养的全面发展。而大学英语涉及的知识广泛复杂，需要学生掌握的知识点也很多，如果教师能将教学内容进行科学的统整，就可以帮助学生在有限的时间内对英语进行条理化、清晰化的学习和复习，有助于提升教学成效和学生的英语思维素养。

例如，在教学中依据学习单元主题、英语课程类型、学生兴趣爱好、学科之间的关联性、学生学习能力的差异等方面，将课本教学内容进行了相应的统筹规划。如在学习大学英语一年级的听说内容时，便以"跨文化交际"为主题，对"How to communicate with foreigners？""Chinese culture""Western culture""Inter-cultural communication"等内容进行了统整，给学生先布置任务，查找相关的中西交流中需要注重的礼仪，发动学生的积极能动性，充分利用网络资源，同时制作成PPT的形式，以小组为单位进行展示。一方面把课堂交给学生；另一方面让小组间进行比赛，加入评价机制，学生间互评、组组互评、教师评价等，最后教师作为"总导演"，给出补充、说明、解释，进行全局性的把握，以帮助学生了解中国和外国在交友方面的用语及思维习惯，以及不同的文化对交际的影响，进而提升他们的英语交流与思维能力。

总之，教师应设计有层次的教学方案并将课程内容进行合理的统整，以带领学生在课堂中对课文进行学习剖析，逐层提升学生的英语思维素养。

三、英语教学方法

作为一种语言，英语并不是一门高不可攀的学科，只是一种用来交流的工具。只要方法得当，英语还是很容易掌握的。

（一）多朗诵，重语言

多朗诵可以培养学生的语感，简而言之就是对语言的感觉，具体讲就是在读的过程中，能不假思索地感知语句所表示的意义。这里的不假思索其实是感觉与思考的统一。有时候，课文读多了，遇到问题不用想相关语法，根据语感就可以找到正确答案。

（二）多检查，重预习

预习是学生自主学习的开端，是让学生成为学习主体的起点。叶圣陶先生曾说："不教学生预习，他们经历不到学习上很有价值的几种心理过程。"很多学生没有真正把预习重视起来，上课时听老师或其他同学讲起知识点时有种稍纵即逝的感觉，导致一堂课没完全听懂就昏昏然过去了，长此以往，学生会认为学习英语很难。其实只要做到提前准备：心中有数，学起来并不难。

很多学生对老师布置的预习任务应付对待,而预习效果也并不像课堂检测一样能直观地打出分数,所以教师也不能很准确地掌握预习情况。

(三)多活动,重氛围

多活动,注重调动学生兴趣,营造快乐的学习氛围,进行愉快教学,让学生爱上英语。教学时多让学生表演,表演与思考结合可以收到很好的效果。可以把学生分成不同的小组,学习新课文后分角色表演或以课文为例自编自演。这样学生为了表演就必须记住课文内容,为了编写别具一格的剧本就要应用很多相关的英语知识,就会主动去学习,这样学起来就有了动力,效果也好。同时,表演这种方式同学们喜闻乐见,在学习之初就可以激起学生学习的兴趣,达到事半功倍的效果。在愉快中学习也会增强学生学习的兴趣,经常鼓励或进行小组间比赛,学生表演兴趣就会越来越高。表演好的小组就会更加努力地学习钻研,以保持好成绩。学生通过表演,激发了强烈的求知欲望,变被动学习为主动学习,自主探索出"求知之路",提高英语自学能力。

(四)多关爱,重情感

教师应多给学生以关爱,多与学生交流,注意把情感教育渗透在教学中,不仅在拉近与学生的感情方面要多重视,也要适当培养学生的情感价值,当然前提是教师自身要对教材有充分的认识和对情感目标的把握,了解学生,在师生情感相互感染、结合相应的课堂活动,在相互的反馈与促进中,实现双方教与学的融合,教学双方的自我需要才会得到实现。同时,教师要多给学生一些尊重和理解,也能达到意想不到的教学效果。

第三节 影响英语教学的因素

一、影响英语教学的因素概述

影响英语教学的因素有很多，在这里主要是指影响高校英语教学的因素。在此不对每一个因素都一一详述，但会围绕大学英语教学所涉及的这些主要要素，如教师、学生、教学内容、教学方法、教学环境等进行列举与说明。教师是大学英语教学的重要因素，在英语教学中起着主导作用。在英语课堂上，教师主要充当两种角色，即掌控者和引导者。作为一名合格的英语教师，首先应该具有纯正的发音。然而并非所有的英语教师都具有纯正的发音，所以教师可借助广播以及多媒体等手段来弥补自己的不足，确保学生在课堂上所听的语言都是纯正的。

新课程改革对大学英语教学提出了全新的教育要求，要求教师在教学过程中培养学生形成英语核心素养，有利于学生未来发展。以往，我国大部分大学英语教学中，教师过于重视英语理论知识的教育，忽略对学生进行听、说、读、写能力的训练，导致学生仅是为应付考试而学习英语知识。因此，在新课程改革背景下，大学英语教师应训练学生的英语表达能力、思维能力，从而培养学生形成良好的英语核心素养。教师应基于大学英语教学中存在的问题进行分析，并提出核心素养培养策略，全面提升大学英语教学水平。

在多数英语课堂上，教师的讲话占据课堂时间的大部分，不可否认，教师的讲话有利于学生的语言习得，但也不能因此牺牲掉学生的练习时间。同时，教师还要注意不断变化教学的形式，以增强课堂的趣味性。一个合格的英语教师还应具有一定的应变能力，能预测课堂活动中出现的状况，能很好地处理课堂上的突发事件，确保课堂活动的有序开展。此外，教师应该随时调整自己的提问方式、语言运用方式、提供反馈的方式。在英语课堂中，提问是教师常用的一种教学手段。通过提问，可以有效激发学生的学习兴趣，促使学生积极思考。另外，语言运用的方式也很重要，为了让学生对所讲述的知识有一个充分的了解，教师在教学中可以采用重复话语、降低语速、增加停顿、改变发音、调整措辞、简化语法规则、调整语篇等措施。学生是英语教学的重要反馈者，同样教师的反馈也是十分重要的。所谓提供教师的反馈就是指教师为学生的学习情况提供反馈。教师的反馈可以是对学生话语的回答，如表示学生问答正确或错误、赞扬鼓励、扩展学生的答案、重复学生所答等。总之，教师的目的就是采用不同形式的教学方法调动学生的积极性，扩展学生的知识面，培养学生的学习能力，提高整体的教学效果。

二、学生因素

（一）角色定位

在英语教学中，学生主要扮演以下几个角色。

1. 主体者

学生是英语教学中的主体，他们对知识的探索、发现、吸收以及内化等实践都有利于知识体系的构建，有利于形成科学的世界观、人生观和价值观。

2. 参与者

作为外语教学活动的重要参与者，学生应积极主动地参与到各项活动中，积极思考，敢于表达自己的观点，展示个人的才能。

3. 合作者

英语教学是师生之间及学生之间共同进行的，因而相互合作是不可缺少的。在合作中，他们可以相互学习、相互帮助、共同提高。

4. 反馈者

在英语教学中，学生的反馈信息是教师教学的一个重要依据。学生可以结合自身学习经历和教学法的实用性向教师提出建议或意见，并协助教师改进和完善教学内容和教学方法，从而提高教学效果。

（二）个体差异

语言潜能是学习外语所需要的认知素质，它是一种固定的天资。努力提高学生的外语素质就是对学生综合语言运用能力的培养，而语言潜能也就是用学生的认知素质来预测其学习外语的潜在能力。一般来说，学生应具有以下几种学习能力：

第一，学生应具有语音编码解码的能力，即关于输入处理的能力。

第二，学生应有归纳性语言学习的能力，它有关语言材料的组织和操作。

第三，学生对语法还应有一定的敏感性，它是从语言材料中推断语言规则的能力。

第四，学生应具有一定的联想记忆能力，它是关于新材料的吸收和同化。

（三）学习动机不明确

动机是影响外语学习的重要情感因素。它是由某种欲望或需要所引起的激发、引导、维持个体行为向特定目标去努力而具备的一种心理状态。一般来说，英语学习的动机由三个部分组成，即内动力（喜爱英语学科）、外动力（为了升学、就业需要）、附属内动力（父母期望、教师要求）。其中有外部动机学习英语的学生占大多数。但内动力是以求知为目的的学习欲望，是课堂教学中一种最稳定和最重要的动机。这种内部动机，就是通过培养学生的学习兴趣来调动学习积极性，在教学中，我们发现有很大一部分学生并没有对英语学习形成强烈的兴趣。除了课堂被动地接受学习任务以外，课余时间学习英语的平均时数只列于第二位。分析现状可以看出：高中英语学习的直接动力就是要考入大学。进入大学后升学需要已经满足，而新的英语学习需要尚未形成，所以有很多入校新生对英语学习模糊不清。非英语专业大学生的英语学习动机以外部动机为主，内部动机较弱。正确的远景型学习动机占主导地位，而非正确的甚至错误的学习动机也广泛存在，近景型学习动机也颇为普遍。造成的结果是学习的主动性差，对教师的依赖性强。

（四）缺乏自信心

一些学生在高中阶段把大部分的精力都放在最基本的文化课学习上，对于英语学习投入的时间和精力相对很少，英语学科是他们共同的"弱项"。学生从心理上惧怕英语学习，心理压力大，口语表达能力差。大部分学生提起英语学习就感到头痛、郁闷，似乎英语是他们的"天敌"。还有些学生干脆放弃英语学习。尤其在英语课堂上，有些学生由于基础太差，跟不上老师的教学步伐。这就使得英语教学工作越发困难，可以说，现在的大学英语教学处于一种两难的境地：用英语授课，大部分学生听不懂；用中文讲，英语课堂名不副实。此外，由于进入高校，英语占据的地位看似已经没有初中和高中重要，他们大多把主要精力放在专业课的学习上，学生在英语学习上自然会放松很多。久而久之，对英语没有兴趣，畏难情绪加重，语言运用能力弱，对自己没有信心。

（五）缺乏科学有效的学习方法

大多数学生不知道如何合理支配学习时间，缺乏科学有效的学习方法。很多大学生为了通过四、六级考试，把学习英语的主要精力放在四、六级词汇和做模拟试题上，根本不重视日常的课堂英语学习和知识积累。做模拟题花费了大量时间。令人眼花缭乱的试题，特别是选择题，每一道题目只有一个正确的答案，同时有三个错误的答案，每做一道题，学生就在头脑中输入了三种错误信息，这样根本不可能形成正确的语感。还有些学生为了扩大词汇量，干脆背字典，结果是离开语境机械记忆，导致今天记明天忘，耗时多，收效小，而且违反了语言学习的自然规律。除此，当前很多大学生忽视朗读、背诵英语语句、短文的重要性，没有足够的语言输入。

三、教学因素

（一）大学英语口语教学

1. 大学英语口语教学目标

口语是利用语言表达思想、进行口头交际的能力。《大学英语课程教学要求》中写道：大学英语的教学目标是培养学生的英语综合能力，特别是听说能力。大学阶段的英语教学目标分为三个层次，即一般要求、较高要求和更高要求，每个层次对口语表达能力提出了不同要求。

（1）一般要求

能在学习过程中用英语交流，并能就某一主题进行讨论，能就日常话题和英语国家的人士进行交谈，能就所熟悉的话题经准备后做简单发言，表达比较清楚，语音、语调基本正确，能在交谈中使用基本的会话策略。

（2）较高要求

较高要求是能够和英语国家的人士进行比较流利的会话，较好地掌握会话策略，能基本表达个人意见、情感、观点等，能基本陈述事实、事件、理由等，表达思想清楚，语音、语调基本正确。

（3）更高要求

能就一般或专业性话题较为流利、准确地进行对话或讨论，能用简练的语句概括内容较长、语言稍难的文本或讲话，能在国际会议和专业交流中宣读论文并参加讨论。《大学英语课程要求》关于口语能力的三个要求对大学生口语能力做了详尽的描述，为大学英语口语课程设置、教材撰写、课堂教学和口语评估提供了参考。不同性质的大学应该根据学生的实际需求重新进行目标定位，同一大学也可根据学生的不同英语水平设定不同的目标层次。随着经济的全球化，英语逐渐成为世界通用语，经济与科学的发展也对大学生的英语口语水平提出了越来越高的要求。

2. 大学英语口语能力的构成

除了考虑《大学英语课程要求》，相关的专家和学者关于口语交际能力内涵的阐述也为确立大学英语口语教学目标提供了参考。北京外国语大学教授文秋芳认为跨文化口头交际能力由两部分组成，即交际能力和跨文化能力。交际能力包括语言能力、语用能力和策略能力，语言能力由语法能力和语篇能力构成。语法能力指交际者在句子层面表现出的语言水平，而语篇能力指的是交际者在篇章层面上显示出的语言水平。语用能力包括实施语言功能的能力（理解和表达语言功能的能力）和会文化语言能力（在特定的语境中理解和使用社会语言规则的能力）。策略能力由补偿能力和协商能力构成。而跨文化能力有三个组成部分，即对文化差异的敏感性、对文化差异的宽容性和处理文化差异的灵活性。如果说《大学英语课程要求》为大学英语口语教学提出了具体的要求，跨文化口头交际能力模型则是宏观的目标。综合起来，大学英语口语课程需要培养学生的口语交际能力、跨文化交际能力和口语自主学习能力。口语自主学习能力也是《大学英语课程要求》的重要教学目标之一。

3. 大学英语口语自主学习能力的培养

《大学英语课程要求》指出教学模式改革成功的一个重要标志就是学生个性化学习方法的形成和学生自主学习能力的发展。新教学模式应能使学生自主选择适合自己需要的课程进行学习，注重培养语言运用能力和自主学习能力。大学英语口语作为公共课，很多时候得让位于学生的专业课。由于总的课时量限制，每周两节口语课时间很难保证学生口语能力达到口语教学目标，更不用说培养学生跨文化口头交际能力，因此，大学英语口语教学应重视口语学习策略和学生口语自主学习能力的培养。具体地讲，大学英语口语自主学习能力是指学生理解口语教学目标和教学方法，能够确立自己的口语学习目标，能够选择合适的口语学习策略，能够监控自己的口语学习，能够评价自己的口语学习结果。在口语学习过程中，学生能够主动创造环境进行口语训练，有意识地克服口语练习过程中常见的不足。

4. 大学英语口语教学理论

大学英语口语教学实践离不开理论的指导。在语言习得和外语教学领域，有关于语言教学的理论，与大学英语口语教学息息相关的理论有输入输出假说，交际法口语教学理论和任务型口语教学理论。

（1）输入输出假说

不管采用什么样的教学模式，大学英语口语教学都离不开输入和输出两个环节。输入分为视听输入和阅读输入。著名美国语言教育家克拉申（Krashen）的输入假说指出，人们习得一种语言，必须通过理解信息或者接受可理解的语言。学习者的习得按照自然习得顺序，通过理解在下个阶段将要习得的结构来进行。输入的语言准度要略高于学习者的现有能力。克拉申的输入假说包含了四个要素：第一，输入数量。语言习得必须为学习者提供足够数量的语言输入。第二，输入质量。语言输入必须是可理解的，语言输入材料的难度应稍高于学习者目前已掌握的语言知识。第三，输入方式。语言材料主要是在语言环境中自然接受，注重语言意义的粗略调整输入。第四，输入条件。学习者必须在情感焦虑低、情感屏障弱的情况下才能更好地接受输入。大学英语口语的教学对象为非英语专业学生，大多数学生平时语言输入的质和量不够。尽管口语教学的目标是培养学习者产出技能，但必要的输入是成功产出的前提条件。在口语教学中，教师可以从以下方面着手为学生提供最佳输入：首先，设定特定的话题或较常见的生活情景，如在餐厅里点菜，与外国人交流等；其次，提供便于理解的手段，如提供好的英语教学资料；最后，调节活动内容的语言难度，过多的新词或表达结构会妨碍学生的理解。

（2）交际法口语教学理论

交际法教学的核心是交际能力。什么是交际能力？社会语言学家戴尔·海姆斯提出了交际能力（communicative competence）的概念，他认为，交际能力应包括形成语法上正确的句子的能力和在适当的场合使用这些句子的能力。瑞典著名学者巴克曼（Barkman）提出了交际语言能力模型（communicative language competence model），这一模型被国际语言测试界广泛接受。巴克曼认为交际语言能力由三部分组成，即语言能力、策略能力和心理—生理机制。语言能力包括语言组织能力和语言使用能力；策略能力是指为实现某个交际目的而选择最有效的方法的能力；心理—生理机制本质上指语言使用的实施阶段所牵涉的心理和生理过程，如在接收语言过程中使用的是视听技能，而在产生语言过程中使用的是神经肌肉技能。这种交际能力概念的提出，使得交际法语言教学应运而生。

交际法口语教学遵循两个基本原则：首先，教师在课堂上所进行的一切教学活动都必须以交际目的为中心。在口语课堂上，教师和学生进行两种活动，一是直接交际活动，二是间接的为交际活动服务的活动。其次，尽量重现交际过程。交际法口语课堂应尽量重现真实口语交际过程中的交际特征，包括信息沟、自由选择和信息反馈。信息沟指的是交际双方一方知道一些东西，而另一方不知道，交际的目的就是填补信息沟。自由选择指的是交际双方说什么和如何说都是自己选择的结果，交际双方的用语有很大的随意性和不可预见性，信息反馈指交际双方对彼此的信息做出相应调整。最后，不要总是纠正错误。交际教学法强调意思的相互传递、语言的自由选择和交际目的的实现，对学生的语言错误，特别是语法错误，采取比较宽容的态度。交际法口语教学比较典型的活动有扮演角色、模拟活动、小组活动。交际法教学有利于培养学生口语交际的流利性，需要注意的是，过分强调交际法教学有可能忽略语法教学在语言教学中的重要作用。实际上，语法教学有助于提高语言输出的准确性，减少语言僵化的产生，这就涉及口语教学中如何处理准确性与流利性关系的问题。要实现大学英语口语教学目标，准确性与流利性同等重要。口语教师在强调交际性的同时，也不能完全忽略学生的语言错误。

（3）任务型口语教学理论

任务型教学就是以具体的任务为学习动力或动机，以完成任务的过程为学习的过程，以展示任务成果的方式来体现教学成就的教学活动。任务型教学强调学生在解决问题中使用语言，强调通过交流来学会交际：关注任务的完成，也关注学习的过程，重视学生在执行任务过程中的能力和策略的培养，以及学生在完成任务过程中参与交际活动。任务型教学的目标不再是机械的语言训练，而是实际的语言运用能力的培养，学习者必须理解其所学语言才能完成任务。当学习者尝试进行交际时,他们必须考虑语言运用的得体性。当然,任务型口语教学要求接受口语教学的学生应具备一定的语言知识。如果对目标语一无所知,也就谈不上运用语言完成任务。

在任务型口语教学中,口语教学活动旨在传授语言应用能力,要求学生随机运用已掌握的语言来完成口语任务,重要的是有任务并且学生想要完成这个任务。众所周知,口语是利用语言表达思想、进行口头交际的能力。口语教学活动应当培养学生利用所掌握的知识(世界知识和语言知识)进行交际的能力。这就要求他们对已有知识进行加工和重组,然后输出,以完成某个特定的交际任务。

5. 大学英语口语教学模式

俗话说,教无定法。大学英语口语多是大班教学,学生水平参差不齐,不同口语应当使用不同的教学模式。但大体来说,口语课堂可以遵循以下模式。

(1)从控制练习过渡到自由会话的模式

会话必须是思想、信息、感情的有意义的口头交流。会话绝不是单音、词汇、短语、句子的一种组合游戏或简单的重复,正如句型操练并不是会话一样。美国著名学者普拉托这样描述会话课:"真正的会话不包含任何外界的控制。"他建议课堂教学可以从控制性的练习逐渐过渡到自由会话。在会话课上,一种活动是教师主宰一切,学生从课本或录音中吸取语言,并在教师的指导下重复这些语言或进行操练;另一种活动是由学生利用自己已掌的语言表达思想,在教室里和同学自由地进行会话。在口语教学中,一些教师往往偏重机械性的训练,忽略给学生创造自由会话的机会,这不利于学生自由会话能力的培养。对于初级口语学习者,教师可多一些练习,少一些自由会话;对于中高级学习者,教师则可以减少机械性训练的时间,多增加自由会话的活动。不管使用什么样的教学方法,大学英语口语教学应该遵循从控制练习过渡到自由会话的模式。

(2)"投入—运用—学习"模式

教师使学生对一个话题产生兴趣,然后让学生完成任务,教师通过观察发现学生在完成任务中存在的问题,最后让学生学习教师认为有问题的地方。明确的口语任务可以给学生提供练习的机会,使学生得到用英语进行交际的真实感受,而且给学生和教师提供了信息反馈,从而教学相长。口语教学成功与否,在于口语活动设计是否合理。好的口语活动首先需要引起学生的兴趣、激发学生说话的欲望,从而积极参与,最终达到口语学习的目的。因此,口语活动的趣味性十分重要。

(3)《大学英语课程教学要求》提出的新模式

《大学英语课程教学要求》提出的新教学模式并不是针对口语教学,但为口语教学提供了全新的模式。新的教学模式应体现英语教学的实用性、知识性和趣味性相结合的原则,应充分调动教师和学生两个方面的积极性,尤其要确定学生在教学过程中的主体地位。新教学模式在技术上应体现交互性、可实现性和易于操作性。另外,新教学模式在充分利用现代技术的同时,也要充分考虑和合理继承现有教学模式中的优秀部分。

(二)大学英语写作教学

英语写作是英语教学体系的重要组成部分,是由英文单词、句法、段落、篇章,主题及写作技巧等因素相互作用的有机整体,是一项复杂的思维过程和认知过程。对大学英语写作教学而言,学生的语言基本功较弱,受母语思维方式的影响,表达思想的能力欠缺,对写作知识和写作技巧的生疏以及不同文化背景所引起的表达方式的差异等,更加剧了英语写作教学的难度。

1. "任务"在英语写作教学中的地位

任务型教学模式普遍为现代教育者提供了统一的教学模式,强调使学生在做事情中获得学习体验。其任务的设计是以学生的经验和兴趣为出发点,把真实的材料引入学习环境,通过学生之间的交流、互动培养其用语言解决实际问题的能力。译写阶段,即将思维转化为文字阶段却问题百出。首先,从篇章、段落发展模式来看,学生的习作中大多缺少主题及主题句;其次,在句法层面上,大多数学生的句型简单、句式单一、句子间缺乏连贯性及统一性;最后,就选词而言,缺乏词性变化,同义词间的差别含混不清。在写作结束之后，大多数学生没有对习作进行修改的习惯，即便在进行合作式学习，即在小组成员相互检查时也少有学生能够发现并改正同伴习作中的错误。这也是因为在一定程度上受到了汉语思维的影响，学生普遍存在的共性问题与错误，直接影响了他们写作的质量。

目前，教师多将注意力集中于如何激发学生的写作兴趣，强调写作内容的完整性与形式的正确性等问题，却忽视了在英语写作过程中学生所处的外界环境，即中英文所体现出的不同的思维方式及文化背景。中文圆形思维导致了汉语的螺旋式结构，即以反复而又发展的螺旋形式对一种问题加以展开，尽量避免直接切入主题；反之，西方直线式思维导致英语的主谓推进模式，即整个语篇是一个完整的统一体，表达的思想要做到与语义直接相关，要用一定的连接手段将各个部分衔接起来。

思维方式的差异常常使大学生文章出现结构松散，多笼统概述，少细节描写，在句法上多用短句、句型变化单一、指代不清，各部分内容之间缺乏联系等问题。因此，在大学英语写作教学过程中，任务作为社会建构模式中连接教和学习者的客观媒介，其内容应具有真实性、趣味性，从而激发学生的写作兴趣，鼓励学生发表自己的意见。写作作为语言学习中较难的输出，教师将关注的范围从词汇、语法、段落的书写扩展到范围更广的、涵盖中西文化差别的文化背景知识中，使学生了解西方人的思维方式，进而体会英文的写作特点。这种更深层次的理解会反作用于写作过程本身，推动学生向着写出地道英文的方向前进。教师在教学中，针对不同的英语课程和内容，要充分认识到学生缺乏逻辑性思维，特别是在写作中，应加强逻辑思维能力的锻炼和培养。

2. 教师作为英语写作课堂的"中介者"

以色列心理学家、教育学家费厄斯坦（Feestan）提出中介作用理论，认为儿童的学习受对他有重要意义的成人的干预和影响，他把儿童在学习中起重要作用的人叫作中介者，把为儿童提供的学习经验叫作中介作用下的学习经验。在以学习者为中心的教育理念已为人们所接受的情况下，教师作为"中介者"要帮助学生学会独立自主地学习，培养其独立思考、解决问题的能力，协调教师与学习者之间的互动以及鼓励学生积极参与学习过程。费厄斯坦提出的教师作为中介者的一个重要特征对大学英语写作教学具有重要的理论指导意义。该理论包括重要性、超越当前的目的以及教学双方意图的明确性。

教师应该使学生认识到某个学习任务对个人发展以及社会有何意义或价值。写作与口语一样是一项重要的语言输出技能，是对所学知识、技巧的综合运用。由于写作重在言之有物，只要有话可说，有内容可写，即使使用的词和句子比较简单，写出的作文同样具有可读性。因此，帮助语言功底较弱的学生树立此种意识，会增强学生对写英文作文的信心。

在实践英语写作教学中让学生保留自己的全部习作，在学期结束时以小组为单位将作文制作成个性化的报纸或杂志册，每篇文章后均标明作者姓名，在全班范围内互评。实践表明：此种方式可增强学生的成就感及对英文写作课的归属感。同时，写作课不应被看成是枯燥的书写过程，教师可以提供多种输入媒介，如英文短篇作品等。例如，在观看10分钟左右的影片片段之后，可在课上组织学生进行讨论，甚至辩论等，常用于口语教学的手段，鼓励学生积极思考，为写作打下良好的基础。同时，多渠道的信息输入可以使学生认识到学习写作不仅可以提高书面表达能力，还可以了解西方人的思维方式，增加文化背景知识。另外，教师应使学习者认识到目前所学写作知识对其以后的学习、工作有意义。教师要设计真实的课堂写作活动，包括材料的真实性、学生理解的真实性、学习任务的真实性和课堂社会情景的真实性。教师所提供的写作素材：可从学生中征集他们感兴趣的话题；各类考试考过的题目以及从网络、书刊等媒体上提炼出的题目；社会、校园中的真实事情和问题。例如，教师可以模拟真实场景，组织学生参加某公司招聘的笔试，要求学生设计一份英文简历、写一篇关于自己职业设想的文章，学生互相评判，选出最具竞争力的文章并提出合理解释；或让学生编辑、译难度稍高于其现有水平的文章等，使学生意识到课上所学内容并不是纸上谈兵。

在实践过程中，学生认识到自身学习的漏洞，会更有动力、有方向地努力改进。此外，在提出某项学习任务时，教师应做出明确指示，将自己的意图告知学生并要听取学生的反馈。在指导学习者根据某个题目和要求写作文时，教师一定要尽力让学习者清楚作文的题目和要求，这就要求教师能够有效传达这些信息，同时为了确信学习者是否理解了这些要求和信息，教师可以让学习者举例来证明其是否已理解该任务的主要意思，以防文不对题的现象发生。

3. 学习者作为独立的写作者

在过程写作论占据主导地位的英语写作教学中，学生作为写作的主体在跨越中英两种语言、两种文化的过程中困难重重。他们单词的拼写、句子的构成等技术性问题，以及对文章整体结构的把握、内容的逻辑性、分论点与主题的关联性等使得学生在写作过程中步履维艰，教师在评阅过程中更是绞尽脑汁猜测学生究竟想写什么。有时，教师与学生的想法错位，结果是教师的评语对学生没有任何指导意义。如何实现并巩固学生作为写作过程中独立的创作者？如何使教师的反馈对学生习作产生积极的指导作用？一种源自元认知策略的自我监控，即学习者利用认知过程的知识，通过计划、监控及评估，努力使语言学习得到控制，为此提供了有效的解决办法。

教师可让学生用"加注"的方式，从内容、语言和结构三方面，将自己无法用文字表达的想法，在每页的空白处加以注释，即将自己的困难、不确定的内容详细写出。教师可采用学生互评、讨论等方式，让学生积极参与解答同伴注释的内容，使学生体会到作为作者写作的过程以及以读者的角度审视写作的过程。写作过程中的加注是学生用以提高自我监控的一种手段，通过自我评阅、同伴建议以及教师的反馈，学生的学习自主性得到提高，真正体现学习者在写作过程中积极创作的能力，同时加大教师反馈的指导力度。通过论述社会建构模式中教师、学习者、任务以及环境的关系，针对探讨大学英语写作教学中存在的某些问题，提出相应的解决方式，在跨越中英两种语言文化的背景下，在大学生语言功底较弱的现实条件下，使任务成为连接教师与学生有效交流的桥梁。

（三）大学听力教学

1. 明确提高听力的正确途径以及各种听力材料的要求

由于教学中学生的多样性，很多学生进入听力课堂之前对于听力学习的途径并不完全清楚，有些学生认为只要多听就能提高听力理解的能力。其实不然，虽然听力理解是一种接受性的技能，但是它是诸多语言技能的综合运用，其中包括语音、语法、词汇、句型、句法等各个方面和其他非语言方面的知识。另外，提高听力理解的能力不可能一蹴而就，学生上课的时间是有限的，要想充分利用课外时间进行练习，没有明确的目的、方法和要求也难以达到理想的效果。所以，教师的首要任务便是明确听力学习的要求和正确的学习方法，使学生有效利用课堂内外时间提高听力理解的能力。

对非英语专业的学生而言，听力练习的要求总的来说应为：能听懂英语国家人士关于日常生活、社会生活的演讲、讲座、学术发言、讨论或争论等中等难度的听力材料，理解中心大意，抓住主要论点或情节，根据所听材料进行推理和分析，领会作者的态度、感情和真实意图，并用英语做简要笔记。同时，还能听懂正常语速 VOA（美国之音）、BBC（英国广播公司）、CNN（国际新闻）以及 CGTN（新闻播报）的主要内容。听力理解练习主要包括三种形式，即单句练习、对话练习和演讲或交谈。单句练习主要训练语言的基础项目，如语音、语法、词汇、句子结构等。对话练习和演讲，交谈主要训练以下语言技巧：

（1）掌握中心思想；

（2）掌握要点；

（3）根据上下文进行推测；

（4）根据已知语言信息推测下文；

（5）辨别、判断说话者的观点、态度和口吻；

（6）记笔记；

（7）其他方面，如简单的运算，记住数字、日期和年代等。

一般来说，学生进行听力训练的顺序为单句、对话和交谈。进行一些单句的练习的目的是检验和巩固所学语音、词汇、语法、句子结构等的语言基础知识的掌握情况，在此基础上进行对话及长篇段落练习。

2. 实施教学

明确方法和要求之后，如何有效实施教学为至关重要的环节。有关教学方法的讨论已经有很多专家给予了介绍和论述，下文主要讲述在听力教学中的一些方法和实践。

（1）以点带面：语言重点突出，语言知识和生活常识并重。在做任何听力练习之前，首先要向学生讲清楚听力材料的语言点和要求学生所掌握的内容，尤其对实用性的教材。如可能，可将实物展示给学生并加以指导和扩展。

（2）英国英语和美国英语同时进行讲授，使学生了解两国英语和文化的差异。我国实行改革开放政策以来，对外交往不断扩大，出国留学的机会日益增多。学生对自己的对象国家的语言学习和对文化的了解是英语学习的目的之一，这就对英语教学提出了新的课题。如何满足学生对不同国家英语和文化的学习和了解是教师必须考虑的问题。因此，无论是在课堂讲解还是教材使用上都应做到多种英语同时进行，使学生逐步了解英美英语在语音、词汇甚至语法及句子结构诸方面的差异。

（3）教会学生掌握不同听力材料的听力技巧。不同的听力材料的处理方法应是有所区别的，现以英语新闻为例。无论在国内还是国外，学生都要听新闻，然而新闻报道的语言与日常生活当中使用的语言是不尽相同的。很多学生一谈到听新闻便头疼。其实，只要掌握了听新闻的技巧，问题便迎刃而解了。首先要掌握新闻英语的特点，新闻与日常生活交谈的不同之处在于它是对某一事件的总结。对学生的要求并不是听懂每一个词，而是了解整个事件的来龙去脉。由此而来，新闻的要点为英语中常用的 Why — questions，即时间（When/Time）、地点（Where/Place）、人物（Who/Person）、事件（What Event）、原因（Why）等。学生在听新闻时要回答上述的 Why — questions，如果主要内容掌握了（准确无误地回答出了问题），就不必计较某一个或几个单词没有听清。另外，新闻段落的第一句通常是主题句，其中可找到几乎所有 Why—questions 的答案，而后面的部分是具体细节的说明。所以，是否能听懂一段新闻，第一句是关键。

只要抓住主题句中所提供的主要因素，进行判断推理，便能迅速准确地掌全部信息。经过反复训练，学生听新闻的准确率就不断提高了。学生课外自己也可使用这一方法来检验自己的听力理解能力。

（4）教会学生记笔记。记笔记对学生来说是必须掌握的本领，对他们的学习也会有极大的帮助，但是学生在这一方面往往做得不够。上课或听讲座时常常需要记下所讲的主要内容。然而，记笔记并不是件容易的事情。怎样才能迅速记下全部内容，尤其是长篇的内容，这需要循序渐进地训练。记好笔记需要做好如下两件事情：首先，弄清主题句；其次，尽量完整地写下所听到的支持这主题句的细节。也就是说，手必须与耳同步。也许有人会认为要做好笔记则需要学习速记，其实不然，只要学会一些记笔记的技巧，便能如鱼得水。下面是训练记笔记的一些方法。

①速记句子的中心词

一般来说，记笔记的训练应从听句子开始。要想记住句子的内容，能否记下句子中最重要的词是关键。以下面的句子为例：Many people die of cancer every year; cancer is becoming so widespread, that we can almost talk of an epidemic.

该句的中心词为 may, die, cancer, every year, epidemic，所以可记为：many die/year, cancer-epidemic.

②掌握中心思想

在听长篇材料时很自然要选择主要论点（main Points）。在听完一个段落后，找出中心思想，写出题目（main heading）。以下面段落为例：

In general, Adam has very few hobbies. He used to enjoy collecting reading. But now can never find enough time. He has practically release from his job and usually brings some work home with him.

一般来说，说话者对自己要表达的主要内容会加以强调，在语言方面的使用会有所体现，例如上一段的 in general，其他的如"My point is．""Lets move on to the next point．""It is important to note that"等。此外，中心思想有时在面部表情和形体语言（facial expressions and gestures）上也有所体现。

（5）寓说于听，听说结合。对多数学生而言，听说是他们的薄弱项目。为了应对高考，他们大多偏重读写，忽视听说，因此他们的英语语言技能的发展是不全面的。有的学生一张口常常是发音不准或是表达不准确。鉴于此，听说结合应是相得益彰的。马丁·韦德尔等指出人们是"通过积极参与交往而习得语言的"。再以听力任务 Bank 为例，在听听力材料之前可以安排学生讨论一下如何填写支票并预测每一空白处应填写的内容。完成听力练习之后可以让学生来扮演银行职员和顾客以便来巩固所学到的内容，从而把所学的语言材料变成自己的语言。听力水平的提高不是一蹴而就的事情，需要学生持之以恒、坚持不懈的努力操练。因此，教师应该向学生明确学习的目的、特点和要求，传授给学生有效的学习技巧和方法。教师在课堂上应尽力营造出一种和谐、轻松、愉快的氛围，使学生兴趣盎然地上好听力课，以达到提高听力和表达能力的目的。

四、教学评价因素

（一）课程测试评价体系综述

现代大学英语教学，主要采用"问题解决型"和"任务型"教学法，以培养学生听、说、读、写、译英语综合应用能力和研究能力为主要目标。课程强调以学生为学习主体，在教师引导下，借助计算机网络技术，以小组合作的学习形式进行个性化、自主式的研究性学习。在实践性探究学习过程中提高和增强英语综合运用能力、自主学习能力、研究能力以及综合文化素养。针对这一课程特点和目标，我们构建了与之相适应的、综合多种评价方法的整体评价体系。和传统的大学英语课程测试评价体系相比，新的评价体系重参与、重过程，兼顾阶段评价和综合评价，整合形成性和终结性评价，不仅客观准确地反映学生在学习过程中的参与度、态度、方法和成效，而且有利于监控学习过程，发现学生学习过程中的需求和问题，帮助教师获取教学反馈信息，及时调整教学，同时帮助学生调整英语策略、改进英语学习方法、提高英语学习效率。

（二）评价内容

1. 学生的研究性学习成果

学生自主选题完成的研究性项目成果是评价检测的最主要内容之一。评价内容包括学习过程中的阶段成果（开题报告、调查问卷、访谈问题、口头展示的框架等）和最终结果（研究过程和结果的口头展示、研究报告）。通过运用多项手段评价学生的研究能力（发现问题、设计项目、获取信息、分析数据、解释数据、解决问题）和语言的综合运用能力（开题报告和项目报告撰写，研究成果口头展示，资料的英汉互译等）。

2. 学生的学习态度和参与度

通过教师观察、组长评价、组员互评，对学生参与状况、参与意识、学习态度进行记录和评价。在评价的过程中，一定要按照统一的评判标准对学生的学习态度及学习参与度做出及时的评价，以达到及时督促学生学习的目的。

3. 学生的自主学习和小组协作学习能力

通过学生的反思报告和档案袋，评价学生自主学习的规划和管理以及小组协作能力。教师在进行评价时一定要将学生的自主学习和小组协作学习能力考虑在内，从而引起学生对于自主学习和小组协作学习能力的足够重视。

（三）评价方法

1. 终结性评价

通过终结性评价的方式，对学生研究过程和结果的口头展示和书面报告进行重点评价，公开透明地评判学生研究的能力和语言和运用的能力。

2. 阶段性评价

设定开题展示、中期检查和期末考核（口头陈述研究过程和结果，提交书面研究报告）三个主要的阶段性评价环节，全面细致地监控整个研究性学习的过程，评价学生在各个阶段的进展和表现。

3. 综合性评价

综合小组得分、个人得分、教师评分、组长评分和同伴互评，对每个学生在学习过程中的表现和对学习成果的展示做出综合评价。

4. 教师评价和同伴互评

以教师评价为主，结合各个阶段的同伴互评以及组长对整个学习过程的记录，为每个同学综合评分。

（四）以大学英语口语教学的评估方式为例具体说明

大学英语口语课程建设离不开口语测试的改革和完善，但口语测试过程中也存在目标不明确、标准模糊等问题。大学英语口语评估应采用形成性评估和终结性评估相结合的方式。形成性评价包括学生自我评价、学生相互间的评价、教师对学生的评价、教务部门对学生的评价等，通过课堂活动和课外活动的记录、网上自学记录、学习档案记录、访谈和座谈形式对学生学习过程进行观察、评估和监督，促进学生有效地学习。终结性评价主要针对期末课程考试和水平考试。下面我们将分别对形成性评价和终结性评价进行讨论。

1. 形成性评价

形成性评估强调学习的过程，旨在保证教学目标更好实现。除了评价技能、知识等要素外，这种方式更适合评价态度、兴趣、策略、合作精神等不可量化的因素，评估结果多为等级加评语的形式，形成性评估通常在友好、非正式、开放、宽松的环境中进行，该评价手段是一种低焦虑的新型学习模式。形成性评价突出课程评价的公正性、多样性和综合性。多元化的评价方法不仅可以有效保证课堂教学效果，也可以充分调动学生开口说英语的主动性和积极性。形成性评价能够协调好外语教学实践中教与学的关系，提高学生的学习积极性。在大学英语口语教学中，形成性评估的内容包括以下部分：

（1）学生自评部分。内容包括是否有明确的口语学习目标和学习计划，课上是否积极用英语思维踊跃回答问题，是否每天朗读、背诵外语，是否每天读一定量的英语刊物，是否每天听一小时的外语材料，是否坚持预习、复习，是否经常同外教交流，是否经常去外语角。

（2）学生互评部分。学生从学习积极性和语言基本技能两方面为同伴打分。积极性包括回答问题的状况，参与讨论状况和参与其他活动状况；语言基本技能包括语言流利性，语音、语调正确性，内容完整连贯和语言正确性。

（3）教师评估部分。教师评估指从教师的角度对学生语言能力和参与课堂情况进行打分。

2. 终结性评价

终结性评估主要指大学英语口语期末口试，期末口试可采用交际法口语测试。在交际法口语测试模式下设计的测试任务应该具有目的性、趣味性和启发性，对口语教学有积极的推进作用。交际法口语测试以互动性为重要特征，输出在某种程度上应具有不可预测性，应该提供真实的环境，信息加工过程应在真实的时间中进行。那么，交际法口语测试具有哪些特点？

（1）强调试任务的真实性和交际性。交际性是指考查学生完成某个交际任务的能力，而非某个语言技能和语言知识的掌握情况。中国著名语言测试语料库语言学研究工作者杨惠中对交际和交际过程这样描述："从交际法的角度来看，所谓掌握一门语言是指在一定的语境中能够使用所学的语言，进行有效交流思想感情，达到相互沟通的目的。从语言作为交际工具的角度来看，仅仅掌握语言形式是不能够进行有效交际的，因为语言交际过程涉及交际的目的、语境，彼此的角色地位等；同样的语言形式，由不同的人在不同的场合以不同的方式讲出来，其含义可能完全不同，因此语言交际过程实际上是一种解释过程，是交际双方的协同过程。既然如此，语言测试就必须在真实的语境中采用真实材料来进行，观察学生在真实语境中运用语言达到交际目的的能力，并以此来判断学生的语言水平。"口语测试的目的是测试口头交际能力，测试任务的交际性可以保证测试效度。

典型的交际式语言测试所涉及的,是具体的、现实生活中存在或极有可能存在的任务,真实性是交际法英语考试的典型特征。交际法强调语言必须放在语境和恰当的真实交际情景中去考。真实性意味着考试的语言行为要复现生活中不是考试的语言行为,具体地讲:"考生所接收到的语言就是平时在生活中听到和看到的语言,考生在考试中要完成的任务就是考生在现实生活中可能要解决的事情;对考生行为的评估标准是考生在多大程度上完成了任务,是否有效地达到交际目的。"在谈论口试真实性的时候,指的是口试的任务、口试的语言以及语言使用的各项条件在多大程度上与现实生活中的任务和语言使用条件相对应。

(2)强调测试任务的交互性和情景性。口头交际具有交互性,交流双方既是信息的接收者又是语言的产出者,口试过程中突出交互性,即考生和考官之间,或者考生和考生之间要围绕某个话题进行多个回合的交流,双方不停地交换听、说角色,尽量根据对方需求提供信息,达到交流的目的。情景性是指将口试试题置于一个真实的情景中,明确规定考生所要扮演的角色和交际对方的角色,考生按照要求做出与自己身份相符的反应,由此考察语言的得体性。正是测试任务的交互性和情景性,保证了其交际性和真实性。

(3)注重需求分析交际法口语测试结果可靠,其内容效度也较高。如果要测出受试者在真实情景中运用语言的能力,测试就应该尽可能真实地反映真实情景,这就意味着测试任务的抽样应该具有代表性。所以,交际法口语测试中最重要的一点就是要对受测者的需求进行准确的描述,即调查他们在真实生活中需要使用目的语的种种可能情况,并在测试任务中出现。交际法口语测试的设计通常是建立在对学生需求分析基础上的,以保证测试任务及测试本身具有较高的真实性。因此,交际口语测试往往反映某个国家和地区的文化特点,如英国剑桥大学在我国推行的剑桥商务英语证书考试(BEC)就是一个典型的交际测试。

(4)评分采用定性而非定量的方法。在交际法口语试中,评分必然带有一定的主观性。真实情景中并没有客观的正确或者错误的答案，交际法口语测试在评估学生口语技能的高低时，多采用定性的方法。如把口头表达能力分几个等级，每个等级都需达到什么样的要求，这些详细的描述对保证评分的公正客观大有好处。文秋芳用综合性评分来描述交际法口试评分，即评估语言的准确性、得体性和流利性三者所达到的总体有效交际程度，按照考生完成任务的综合效果来评定成绩。

第四节　英语教学中的体验与实践

　　思维是课堂教学的灵魂，无论是教师设问、学生提问、合作讨论、质疑等，都必须围绕这个中心来开展，而评价这些活动的标准就是学生思维的质量。体验是学生领略知识、实践知识的桥梁，每个学生都可以根据自己的体验，用自己的思维方式自由开放地去探索、发现和创新。教师要想方设法使学生真正参与到课堂活动中来，从而提高他们思维的质量，让学生在体验中掌握知识，培养学习能力。

一、善于等待，学会"留白"

　　很多英语课堂有一个普遍的教学现象：老师害怕课堂气氛太冷清，所以就不由自主地消除教学过程中的留白，安排了一些"无缝对接"式的问答，以维持课堂热烈的气氛。其实，课堂这种伶牙俐齿下的"无缝对接"并没有起到积极作用。画家作画都会"留白"，因为空白不仅使画面有张有弛，而且会使作品给人留下自由想象的空间。课堂教学也是如此，教师有意识地留白与等待不仅可以调节课堂的气氛，更重要的是给学生一个思考的时间，表面的停滞可以促使学生迅速地思考。

　　对于英语教学中的一些语法知识及一些语言结构的运用，仅凭老师的讲解，学生被动接受是很难取得成效的，教师需要鼓励学生去主动地参与思考并提高思维的质量，体验、感悟与领会，促使学生主动地探求知识，创造性地运用知识。例如在教授句型过程中，可以首先列举一些例句，要求学生通过它们的中文意思来体会这些句子中 it 的作用，然后问两个问题：这种句型还可以转换成哪种句型？是否可以与 "It is +adjective+ for Sb.+toinfinitive" 进行转换？可以给学生几分钟的时间思考后再征集答案，让学生有充足的时间多角度地思考问题，从而使学生能给出独特新颖的回答。

二、精心设计实践活动

语言是一种交际工具，英语课堂教学要遵循语言学习规律，以学生为中心，以学生自主体验为基础。在实际操作中，教师应精心设计开放性活动，为学生搭建语言运用的平台，将新、旧知识运用到不同的语言场景中，使学生亲身体验、自主探究，并不断扩充自己的语言信息量，达到真实、灵活运用语言、探索实践语言的目的。可以让学生穿上自己最喜欢的衣服，注意颜色的搭配，并学着走猫步，利用一节活动课，把座位摆成平时开联欢会的样子，让学生表演时装秀。当学生表演时，其他学生必须对其进行描述，并记录下来，然后请个别学生读出他们的描述，其他同学仔细听。这种做法能使课堂气氛轻松，学生的积极性提高，既掌握、运用了语言知识，又体验了学习的乐趣。

三、创造良好的语言环境

语言环境是人类学习语言的重要条件，而现实生活中学生学习英语很难有良好的语言环境。这就要求英语教师在课堂上经常设置贴近现实生活的语言情境，让学生进入真实语言环境中，进行体验式学习，启迪学生的思维。

（一）课堂导入营造情境

课堂导入是教授新课的序曲，课前三五分钟是学生由心理准备进入角色的时刻，是营造课堂气氛、引起学生兴致的关键，也是学生练习听说的一次机会。因此，可以以 "Free talk" "值日报告" "讲故事" "Talk about a topic" 等来开始新课。可以让学生朗读一篇短文，并向其他学生提问，检测听到的效果，最后根据朗读标准给予打分，并提出改进措施。这样既锻炼了学生的听说能力，又为下一步语言学习奠定了基础。

（二）实物演示情境

利用实物教学，既可节约大量课堂教学时间，又可让学生运用多种感官接收语言信息。教被动语态时，教师可以收集大量的实物，列举大量的例子，选一些写在黑板上。最后给出例句说"A knife is used to cut things."接着拿出一根线，叫一个学生把线割成两段，然后对学生说："The line was cut into two by Zhang Bing."还有 The glass was broken by the boy.（杯子被那个男孩打破了）。Apple trees aren't planted in the south.（苹果树不种在南方）。这样学生通过观看实物演示、聆听教师的语言表述、看黑板上的例句进行归纳思维，可以很容易地掌握被动语态的语法结构。

（三）语言描述情境

对于某些难以用实物演示的情境，可利用语言进行简洁易懂的描述，并配上表情、手势、肢体语言，做到绘声绘色，使学生进入情境。如在教 have to do 句型时可以提供这样的语言情境：Today is Sunday, I want to see an interesting film.But my mother is ill, so I have to look after her at home. 在这样的语境中，学生很容易理解 have to 的确切含义，再通过一些上下文情境的练习，学生很自然地学会了它的用法。

（四）善于捕捉机会，利用当时的语言情境

在教学中不时会出现一些意想不到的教学偶然事件，而这些事件却能为教学提供现成的语言情境。例如，当老师正在上课时，一位迟到的学生走了进来，老师即可抓住这个时机，创造一次机会让这位学生体验语言在具体语境中的运用，如可以让他用英语解释迟到原因，让学生在体验中学习语言。

（五）多媒体＋网络的辅助教学

随着科技的发展和现代教育的要求，现代化的教学手段能使课堂教学生动、形象、富有感染力，能使学生在兴趣盎然的情景中接受知识。因此，恰当、

有效地运用现代教育技术手段能激发学生的学习兴趣和内部参与动机。同时，在网络发达的时代，教学中也应充分利用网络资源进行辅助教学，这样能激发新时代学生的学习兴趣，能使不同水平、不同层次的学生都参与到课堂教学中，增强课堂教学的效果。

四、发挥评价的激励机制，让学生体验成功

"教师要带上放大镜去发掘学生身上的闪光点，及时进行表扬、鼓励，要让每一位学生有成就感。"教师一方面要学会在适当的时机利用艺术化的激励语言对学生进行表扬与激励，另一方面还可以利用面部表情的互动去激励学生。对没有信心不敢发言的学生，教师可以用眼神表现出热盼与期待；对回答问题不顺畅的学生，教师的眼神可以给他启示与鼓励。当来不及用语言评价或无须用语言评价时，教师的一个微笑的眼神就会给学生带来成就感。总之，教师在英语教学过程中要及时反思自己，是否能使学生真正地参与到课堂活动中来，学生是否真正地参与思维训练，是否在体验中掌握了知识，提高了学习能力。只有这样，才能让学生的思维与体验同步得到锻炼，取得理想的教学效果。

第二章 英语教学中的思维模式

第一节 创新思维与英语教学

一、创新思维对于英语教学的作用

　　学生学习英语的过程绝对不是简单的知识积累，而是要通过对知识的消化掌握，形成和纳入自己的知识体系，并熟练进行运用，这就要求在英语教学中主要培养学生的创新思维能力，注意运用各种创新思维的教学方法。运用创新思维的教学方法可以培养学生的创造性思维，强化学生在听课过程中的反思意识，建立和谐互动的师生关系，营造创新求索的教学氛围。同时运用创新思维还可以激发学生学习的主体意识，培养学生自主学习的能力，使学生加深对知识的理解和运用。

二、创新思维在英语教学中的运用

（一）发散思维在英语教学中的运用

　　发散思维又被称作多项思维，是创新思维的一种类型，也是创新思维的核心内容。发散思维就是通过想象和联想来发现事物的新领域、新方法、新观点。因此，教师要在英语教学中运用发散性思维，可以通过设计一些适宜发散思维的多媒体课件，设计一问多答，举一反三等的问题。例如：在学习了 pay attention to 这个词组之后，教师可以让学生进行发散性的思考：还有什么别的词组可以代替这个词组？有些学生会举出 focus on，有些学生会举出

aim at 等，然后老师可以进一步提问这些词句的具体区别。又如：在学习了 salary 这个词之后，教师可以让学生比较 income、wage、pay 等词的词义区别，鼓励大家发散性地去思考问题，教师还可以让学生尝试着用学过的词语去解释新学的生词，加深学生对新知识的理解。通过发散性思维在英语教学中的运用，可以使学生克服静止孤立思考问题的习惯，克服思维定式的消极影响，从而提高学生运用英语的能力。

（二）求异思维在英语教学中的运用

所谓求异思维，就是从同一材料中探求不同答案的思维，在课堂学习中可以要求学生用不同的语言表达同一内容，用不同的方法解答同一问题。从不同的角度分析同一人物形象，用不同的观念阐述同一作品的主题等，这些都是训练求异思维的活动。求同思维适用于学生学习的共性因素。而求异思维则更容易适合于学生的个性心理差异，使学生更深入细致、灵活变通地掌握知识和解决实际问题，在英语教学中要主要运用求异思维。这是因为学生正处于心理、生理发育的最快时期，他们好奇心强，求知欲旺盛，喜欢求新存异，有一定叛逆的特征。这些都是在英语教学中运用求异思维的基础，英语教师在进行教学时，要抓住学生的这些心理特点，鼓励学生发表自己的看法，激发学生的求异思维。

（三）创意思维在英语教学中的运用

所谓创意思维，就是通过视觉和感觉神经将记录下来的信息储存，然后将不同信息进行分类消化溶解到本体思维中，而当新信息涌入时，本体思维就会迅速对新信息进行逻辑判断，使本体思维在不断地注入新信息的同时产生变化，从而形成新思维的一个过程。在英语教学中运用创意思维，可以充分地借助现代信息技术和多媒体技术等教辅手段，设计多媒体教学课件，让学生对学习的内容有直接的感官认识。在使用多媒体课件进行英语教学时，要力求课件能够使学生的形象思维转化为抽象思维，由感性认识上升为理性认识。同时，教师要在教学中对学生进行指导，让学生对学习的材料有充分的认知，同时把要教授的知识点融入课件之中，在学生观看的过程中，对其进行引导和启发，加强与学生的互动沟通。

（四）逆向思维在英语教学中的运用

逆向思维是对司空见惯的似乎已成定论的事物或观点反过来思考的一种思维方式，这种思维敢于"反其道而思之"，让思维向对立面的方向发展，从问题的相反面英语思维与教学研究深入地进行探索，树立新思想，创立新形象。当大家都朝着一个固定的思维方向思考问题时，可以朝相反的方向思索，这样的思维方式就叫逆向思维。在英语教学中运用逆向思维，就必须要求教师解放思想，敢于突破原有的一些思维定式。如在教学中，教师不一定要严格按照大纲规定的教学进程，从第一单元开始教起，教师完全可以按照自己的教学思路，在确保学生可以接受的情况下，从有利于教学开展的单元开始教学。又如新一轮教育课程改革后，教学的内容分为必修和选修两个部分，必修的内容不一定要花较多的课时进行学习，选修的单元也可以相对多花时间进行学习。综上所述，英语教学中创新思维的运用对于培养学生的创新思维能力，激发学生学习的主体意识，建立良好的学习氛围和师生关系具有重要的作用。因此，教师应注意多角度、全方位设计各种问题，激发学生的发散、求异、创意、逆向等思维，从而使学生对学习的知识由感性认识上升到理性认识，充分发挥学生在英语教学中的主体性作用，让学生根据所学的知识去创造、去探索。教师要在学生创新、创造的过程中给予其必要的启发与指导，从而进一步增强他们学习和运用英语的能力。

三、创新思维运用的方法

创新教育是对教育质量的巩固和深入，它强调在教学中老师应该把学生当作教学的主体，教师运用启发式教学方法组织各种活动来培养学生独立思考、自我创新的能力。为了发展学生的创新思想，必须把创新思维运用到英语教学中。怎样把创新思维运用到课堂上？这个问题就变成了所有从事英语教育工作者思考的问题，可以从以下几点考虑。

（一）研究教材，按自己的计划发展学生的创造性

例如，教关于中西方餐桌礼仪时，教师不但要帮助学生记忆一些有关句子和词汇以及在点餐时的问答，而且要给他们创设一些生活情境，如让学生创设去西餐厅吃饭，点餐和服务员交流的实际场景。在遇到表达不清时应该怎么办？或者他们不知如何表达菜名，但还需要继续点餐和用餐时，又该怎么办？然后帮助他们学习并运用到实际生活中去。在加强实际场景对话的练习后，再继续布置任务，让学生组成小组对相关的中西方餐桌和菜品做出相应的调查和研究，然后在课堂上做出英文的presentation展示，讲解给班级里的其他同学，这样分享和研究的过程也是培养学生创造性的教学设计。

（二）教学的组织

以前，教师在课堂上只讲知识，然后学生课后记忆，对大多数学生来说，他们在课堂上记不住，因此课后就必须花费更多的时间继续学习，但是效果不一定很好。在课堂上运用创新思维后，教师可以找一些方法帮助学生当堂记忆。如当教师教一个动词时，学生表演一下这个动作，其他学生猜，然后集体拼读，或者让学生讨论课文内容并提问如果他们是作者，他们在课文中会写些什么，这样他们就会有学习的欲望。

（三）设计问题的艺术

教学本身在某种程度上也是一种艺术的体现，问题设计的适当与否直接影响学生的理解度和接受度的高低，影响其思维的发挥。因此设计问题必须统揽全局，根据不同水平的学生设计不同层次的问题，问题必须要有意义而且有趣味性、逻辑性，便于学生进行发散性思维，最终使课堂变得轻松，能激发和帮助学生学习以及与老师合作，达到更好的教学效果。

（四）教师素质要求

为了成功地把创新思维运用到英语教学中，必须对教师提出一些要求。传统教学的主要目的是帮助学生学习前人积累下来的知识经验，然后让学生运用这些方法来处理再次发生的事情，但在现代信息社会，对一个人来说最

重要的事情是创新，教师必须知道怎样培养学生用创新的方法来处理问题的能力，因此对教师有了更多的要求，包括以下三点。

1. 转变教学观念

教师应使学生具备转变旧观念，接受新观念，培养创造新理念的能力，当知识老化的时候，能够自觉学习新知识。因此，转变观念非常重要。

2. 形成现代教育理念

蔡元培曾经说过："教育不是为了过去和现在，而是为了未来。"教育是为未来的发展，如果一个老师只盯着分数，那么教育就会变化，现代社会是一个高科技的信息社会，教师应有现代的教育理念，了解社会对学生的需求，了解创造性教育、个性教育，抓住目标才能成为一个优秀教师。

3. 提高教师素质

人们常说，要给学生一杯水，自己必须有一桶水。如今，教师更应该是一个泉眼。因此，教师必须提高自己，不仅是在知识方面，也要提高自己的人格魅力。世界在飞速地发展，如果没有创新精神，就跟不上时代潮流。英语是交流的一个重要工具，学生是国家的未来，对他们来说，教学是学习英语的重要途径，因此教师必须要不断学习，不断发展，关心学生，只有把创新思维运用到教育中，才能真正做到"教育面向世界，面向未来，面向现代化"。

第二节　模仿思维与英语教学

一、英语教学中模仿思维的具体做法

英语教学的目的是使学生掌握一定的英语基础知识，培养学生在实际交际中熟练运用英语的能力。因此，应该在教学中改变以教师为中心，偏重语法结构的分析、讲解及机械的句型练习的教学模式，采取以学生为中心的模式，加强训练指导，指导学生多模仿英美原声，让学生体验纯正英美发音和地道的语音语调，最后升华内化为学生自己的特色。

（一）提倡英语教学中的模仿

人类从出生到咿呀学语，从幼童到长大成人，可以说人生的每个阶段都离不开模仿。这是因为模仿是人类学会做事情的主要方法，是一个人在学习过程中必然经历的阶段。古希腊的著名哲学家德谟克利特（Democritus）曾说过："在许多重要的事情上，我们模仿动物，做动物的学生。从蜘蛛身上，我们学会了织布和缝补；从燕子身上，我们学会了造房子；从天鹅和黄莺等歌唱的鸟身上，我们学会了唱歌。""模仿"一词在词典上被解释为"照某种现成的样子学着做"。可以说，模仿就是人的一种本能。那么，如何提高学生的英语口语水平，使他们的发音，语气语调都地道纯正呢？模仿英美原声就是一个不错的选择，可以尝试以下方法。

1. 多听多读

如果学生能够经常大声朗读英语，便能够促进其记忆力提升，有助于英语学习的提高。同时，英文是典型的拼音文字与汉语大不相同，学生通过大声朗读更容易懂得拼读的技巧和规则。当然，为了更好地提高朗读效果，学生在朗读前一定要多听几遍，然后试着模仿，逐渐培养自己的语感。而要想有较大收获，就必须做到每天坚持听读，这也符合语言学科的特点。

2. 大胆开口

知识输入有了听读作为铺垫，学生还要多讲多说，因为开口讲话正是语言的输出，只有语言的输出足够多，才能真正学会一门语言。作为英语教师，应尽可能多地为学生创设机会，让学生开口说英语，要让学生克服怕说错怕丢人的心理障碍，让学生不但在课堂上可以大胆地用英语交流，在课余时间也要让学生积极大胆地用英语相互交谈。可以在班级尝试性地搞英语角，每期给学生一个主题，任凭学生自己发挥，说错不要紧，就是锻炼学生开口说英语的胆量。这可以大大激发学生学英语的积极性，使学生对英语学习产生极为浓厚的兴趣，而且提高口语交际能力。

3. 扮演角色

兴趣是引导学生学习的最好的老师。兴趣导航，事半功倍。教学中，可以尝试性地让学生进行角色扮演的游戏，为他们创设最真实的语言环境，让学生能够灵活运用所学语言处理实际问题。

（二）模仿时遵循的原则

1. 选择正确清晰的英美原文

利用软件的跟读来训练自己正确的语音语调，提高流利程度，培养英语语感，这是模仿的必要手段。在指导学生选择听力材料时需要十分谨慎，为学生把好关，避免学生把宝贵的时间、精力浪费在模仿错误的材料上。

2. 大声模仿，注重总结

大声模仿，这点特别关键。模仿英美原文时一定要大大方方，清清楚楚，注意指导学生口型要到位。当然，学生刚开始模仿不可能像外国人说得那样流利，此时应指导学生把语速放慢，慢速模仿，只有发音到位，口腔打开，发音准了以后，才可以逐渐加快速度，并逐渐采用中速和快速，最后直到脱口而出流利的口语。

3. 反复、仔细模仿，最后升华内化

英美原声的英语固然优美，但那不是一朝一夕就能够达到的。模仿时一定要有耐心、恒心和信心。模仿的练习必须反复训练，只有不厌其烦地重复模仿，才能达到量的积累，从而实现质的飞跃。但反复、重复的操练和模仿并不等同于机械地让学生做一些无用功。仔细透析一下便发现，学生在重复模仿的过程中，多多少少都增加了思考，他们在这一过程中，实际上会形成对发音规则的潜意识，最后经过不断的由强化训练到自觉练习，久而久之就会内化为自己的发音风格。实践证明，模仿英美原声在英语口语教学中的作用效益凸显。模仿不但激发了学生的积极性，而且能够真正地提高学生的英语口语水平，从而让学生在学习英语的道路上形成良性循环。而英语教师也在指导学生进行英美原声的模仿训练中掌握了技巧和经验，从而促进了教师自身业务水平的提高。可见，模仿的充分应用和正确应用能实现教师在英语教学中的双赢。

二、模仿教学在英语教学中的应用

（一）模仿教学的理论基础

众所周知，模仿是人的生物学本能之一，是人类获取动作技能、智力技能的有效手段。通过模仿，各种信息得以最直接的传递和接收，从而使知识的获取、技能的习得在自然而然中得以实现。英语教学中，教师若能科学有效地运用好这一手段，不但会缓解初学者对英语的陌生感、晦涩感，而且可以在潜移默化中培养学生对英语的兴趣，使学生从感性认识的层面认同和接纳英语，实现英语教学的良性、可持续发展。现代教育理论认为，模仿教学的理论基础是模因理论。模因理论是基于达尔文进化论的观点解释文化进化规律的新理论，它指文化领域内人与人之间相互模仿、散播开来的思想或主意，并一代一代地相传下来。该理论的核心是模因。关于模因的定义，有两个形成阶段：前期被认为是文化模仿单位，其表现为曲调旋律，想法思潮，时髦用语、时尚服饰、器具制造等模式；后期的模因被看作大脑里的信息单位，是存在于大脑中的一个复制因子。模因来自表示"模仿"的希腊词语"mimeme"，在牛津英语词典中，模因的定义是文化的基本单位，通过非遗传的方式，特别是模仿而得到传播。可见，模因复制的基本特征是模仿，它因模仿传播而生存，语言是它的载体之一。从模因论的角度看，语言模因揭示了话语流传和语言传播的规律。语言本身既是一种模因，也是模因传播的载体，它的功能在于传播模因。模因理论为语言演变引入了信息复制的观点，也为英语教学提供了一种新的研究思路，启发教师在英语教学中可以借助模因复制和传播的方式有效地引导学生进行模仿和套用，提高语言的实际运用能力。

（二）模仿教学的分类

模仿教学是多方面的，按照模仿的不同内容可分为对语音的模仿、对形态的模仿以及对语意的模仿。

1. 对语音的模仿

语言学科最主要的信息是声音。对语音的模仿包括模仿语音，模仿语调，模仿语速、语气以及模仿声音的节奏。基于此，教学重点就是语音的听说读到模仿训练，听音练耳，学腔模调，鼓励学生积极参与、大胆表达，侧重提高他们对语言的感受和初步用英语进行听、说、唱、演的能力。学生的语言表达能力总是在模仿、使用中提高的。因此，正确地学好发音，对学生学习语言至关重要。

2. 对形态的模仿

口腔是发音的重要表象，无论是单词、句子，还是对话教学，学生都要通过口腔进行语音操练，用身体来表达的意思是非常丰富的。教师在教学过程当中可以恰当地辅之某些身体动作，使学生在表演的过程当中进行学习，这将会激起他们的学习兴趣和学习热情。因此，结合自己的教学内容，让学生边模仿动作边朗读，尽可能把学生的注意力都集中在教学内容上。课文中涉及动作的内容，除了单纯的朗读、讲解外，老师可以通过让学生进行动作的模仿表演，加强对知识点的理解和记忆。如"Hands up.""Put down your hands."这类句型，老师完全可以让学生边做边说边学，学生注意力提高了，兴趣浓厚了，句型也就记住了。再如，在教动词的时候，教师可以找学生到讲台上表演动作，让其他学生来猜，也可以说英语，让他做动作，看动作说英语这样的效果非常好。

3. 对语意的模仿

语意模仿是让学生在教师创设的简明语境中对语言材料的部分内容进行移代、更换的模仿方法，其目的是让学生通过在有意义的情景中模仿，不再跟着老师或录音依样画葫芦，而是进一步理解所模仿材料的意义、用法，强调句子在语义上的功能，在掌握语言材料基本结构的同时，真正明白所模仿的语言表达的意思。按照模仿不同的阶段来划分，模仿可分为机械性模仿、意义性模仿和创造性模仿三个阶段，在每一个阶段，学生的模仿内容和老师所起的作用是不尽相同的，以下分阶段来谈一谈。

（1）机械性模仿

机械性模仿是语言模仿的初级形式，也是语言学习的必由之路。机械性模仿主要是通过纯口腔性的操练，帮助学生对新学的知识形成比较稳定的语音形象。如在音标教学中，大可不必把每一个音标的发音部位、发音方法像体育老师教授体育动作那样将动作分解、示范、操练、整合，只需控制好教学气氛让他们进行模仿，让其感觉模仿恰似婴儿牙牙学语般新奇有趣，使他们感到模仿也是一个语音信息、语言信息的交流过程，他们就会饶有兴趣地"人云亦云"。只要老师的发音是准确的，学生的发声器官是健全的，模仿的效果就必然是好的。

（2）意义性模仿

意义性模仿是让学生在有意义的情境中进一步地进行替换性模仿，以理解所模仿的语言材料，明白所模仿内容的意思。如在学习 there be 句型时，教师可以把不同的东西放在同一地点或把同一个东西放在不同地点，让学生在预设的情境中进行替换性模仿，组织能够表达一定意思的句子，相互之间进行问答练习，从而很好地理解所学句型的意义。

（3）创造性模仿

创造性模仿是模仿学习中的最高层次。创造性模仿是指在机械性模仿和意义性模仿的基础上，将模仿而得的语言内化为学生自己的语言，并在新的情境中进行新的选择和组合，创造性地运用模仿前期所获得的语言知识，让语言在新的情境中为真正的交流和表达服务。创造性模仿的一大特点是：此时的模仿已不再是原模仿语言的简单再现。它要求学生在创设的新的语境中，对所学的语言材料进行选择，组合成符合新情境的新内容。它需要经过思维、想象、创造性地运用模仿前期所获得的语言知识，将模仿到的结构重新组合成新的结构，在新的情境中自由发挥和表达自己的思想和感情。如在学习了如何学习英语之后，教师可以让学生自由组合成小组来做调查，用"How do you learn English？""What do you think is the best way for you to learn English？"等句型进行问答，了解有关的学习英语的信息。这样一来，既促进了知识的迁移，又促进了学生思维尤其是创造性思维能力的发展。总而言之，模仿作为一种教学手段，既是英语教学的必由之路，也是学习英语的一种途径，持之以恒地引导学生进行科学有效的模仿是大有裨益的。

（三）模仿教学的现实意义

英语教学，尤其是初中阶段的英语教学，由于该阶段学生的英语知识、英语能力尚处于最初级的水平，语言材料中能激起学生学习欲望的知识信息相对较少。而此时的学习障碍却有很多，所以该阶段的英语教学若不能通过各种手段激发、调动学生的积极性，引导他们进行能动的、有效的学习，学生的学习障碍就会与日俱增，久而久之就会导致学习兴趣的减弱甚至丧失；反之，如果抓住学生模仿能力强、可塑造性强的特点，在教学中进行大量的语言输入，并通过适时适度的模仿教学培养学生的语感，消除学生的学习障碍，使其从英语学习中获得学习的快乐成功的体验，则可使英语教学步入良性循环的轨道。

第三节 艺术思维与英语教学

一、艺术思维在英语教学中的作用

随着经济的发展和社会的进步，人们对于物质文化生活水平的要求不断提高。人们不再满足于一般的物质需求，而追求更高的文化生活和艺术的享受。社会从而加大了对艺术人才的需求，大批艺术类学生涌入高校，这对高等教育提出了更高的要求。同时，艺术人才参与国际竞争与交流也越来越成为必要，而英语是艺术人才进入国际平台的基础条件。它不仅是实用的交流工具，也是艺术人才自身素质和层次的重要体现。因此，艺术类学生的英语教师应充分认识到英语教学对培养艺术人才综合素质的重要作用，进而研究影响此类学生学习英语的因素及教学对策。艺术类专业学生在学习英语的过程中会不自觉地受到艺术思维方式的影响，艺术思维方式在他们英语知识的学习和语言交际能力的培养上起着引导作用。艺术类专业学生作为学生中的一个特殊群体，其艺术思维方式特点使其在英语学习中存在着群体差异和特殊的心理倾向。

二、艺术思维的特点及教学方法

根据思维任务的性质、内容和解决问题的方法，思维的种类可以分为直观动作思维、形象思维和逻辑思维。形象思维是指人们利用头脑中的具体形象（表象）来解决问题，表象的主要特征是直观性。直观的形象为概念的形成提供了感性基础，并有利于对事物进行概括的认识，促进问题的解决。艺术家、作家、导演、设计师等更多地运用形象思维。

（一）艺术思维的第一个重要特点是形象性

在《思维方式与社会发展》中提到，艺术思维是直观类思维方式的一种，是与形象思维有直接关联性的特殊思维方式。在艺术思维活动中，思维的对象并不是抽象的概念和命题，而是具体、直观、形象化了的东西。因此，在英语学习中，艺术类专业学生会趋向喜欢形象的东西，如更多地关注老师的体态和姿势，希望老师能借助音调、节奏、手势语、体态语等生动的形象语言来授课，或是喜欢有插图的教科书。对此，艺术类学生的英语老师应努力使教学过程形象化。形象化的英语教学首先应遵循模仿原则。语言是人们在长时间的实践中形成的认同符号，学生学语言是一个模仿的过程。他们每天模仿父母、周围的人、电视等一切可以模仿的东西，并且模仿英语思维与教学研究得越来越像。然后，他们渐渐停止了模仿，并且逐渐形成融合自己个性特征的语言方式。模仿是学习英语的基础，创新源于模仿。作为英语学习者，必须模仿已有的东西，只有通过模仿，真正掌握了英语的灵魂、精髓之后，才能形成自己的语言风格。艺术类学生对语言的模仿就是对具体直观的形象的模仿，这种直观的形象反过来也就要具有艺术性。这要求教师能通过优美的板书、得体的教态、幽默的语言和机智的课堂表现向学生展示其人格魅力和艺术修养，借此对他们进行潜移默化的影响。在教学过程当中，教师可利用简笔画、英文歌曲、英语绕口令和短剧表演等表现形式来增添教学的艺术性，使学生获得足够的审美体验。教师还要注意对课堂教学的调控，使其富于变化，有高潮、过渡，交替自然，难易适中，能调动多种感官活动。一堂好的英语课就像一首美妙的乐曲，应该是跌宕起伏、动静结合的既有酣畅淋漓的热烈感受，也有恬静安详的轻松氛围。

（二）想象性与逻辑性是艺术思维的另一个特点

在艺术思维中，主体总是"浮想联翩"，脑海中自始至终都不断地进行着较清晰、较具体的形象思维活动，表现为一个创造性的综合想象过程。这一思维过程打破了"逻辑思维"的常规性和有序性。因此，艺术类专业学生在英语学习中倾向于能使他们进行想象的人和物。如生活中的一个故事、一段情节、一个场景、一段旋律等。因此，老师可以结合授课内容适当选择有利于构造明确、具体形象的辅助材料，并且采用学生较熟悉、易操作的内容或方式来组织具有想象性的课堂活动。如请学生想象自己未来的生活状态，看图想象说话、作文，或为某一篇课文设计另外一个结尾等。另外，教师可以结合生活，扩大学生词汇量。在讲单词的时候教师可以拓展其派生词并联系生活，引起学生的联想。如讲 peer（窥视）、pistol（手枪），可以把它们理解为象形词；如 Swallow 既是燕子的"燕"也是吞咽的"咽"；Pick-up 皮卡车学会了加速捡东西；Communication 交流，沟通，就是交通，然后从交通银行扩充到各大银行的英文名称 Communication Bank 等。最后，建议学生把英语学习融入课外生活当中。平时多注意观察生活中所接触到的英文单词，激发学生的学习热情，提高学生学习的主动性。

（三）艺术思维是感性的

艺术思维是一种渗透着主体浓烈情感因素的思维活动，是一种寓理于情的思维。因此，在英语学习中，艺术类专业学生对充满强烈情感体验的课堂活动会表现出极大的热情。如学舞蹈的人听到乐曲会情不自禁地随着节奏摇摆，学音乐的人听到熟悉的音乐会和着唱起来。老师在课堂中可以播放一些能够震撼学生内心情感的英语影片供学生欣赏，或把课文内容改编成戏剧，并由学生担任角色表演，以此促进学生的英语学习。很多艺术专业的学生对英语的学习态度是消极的，也就是说，班级集体的消极情感占了主导地位，通常导致学生被动学习和抵制学习。教师要善于调动班级集体的积极情感，发现学生的长处，善于捕捉学生的每一点进步，并让学生感受到自己的进步，进而坚定学习的信心和决心。教师要善于鼓励，及时反馈，要创造机会（如竞赛，表演，演示等），让学生展示自己学习的成果，使学生体验到一种"成就感"。这种成就感不但可以激发学生进一步学习的信心和决心，而且可以形成英语学习的良性循环。另外，也可以尝试小组学习，即把大班分成自我驱动的小组，在小组中进行合作学习，这是人本主义心理学家倡导的一种学习方式。合作小组由4~6个学生组成，他们由于共同的目的而团结起来，为完成任务，使每个人得到提高而一起学习。小组学习的形式有拼版式、小组调查、角色扮演。学生小组有分工法、小组讨论等。小组学习使学生能在轻松合作的氛围中学习，发挥团队合作精神，体验集体感、荣誉感和成就感。

人们往往把思维活动分为逻辑思维和形象思维，而语言则和逻辑思维密切联系，艺术主要表现为形象思维。艺术类专业学生也具备逻辑思维方式，但由于受艺术实践的影响，逻辑思维在思维活动中不占主导地位，这恰恰是艺术思维在英语学习中的局限。可以从思维方式的差异分析入手，联系到语言习得，结合英语教学理论，进而探讨适用于艺术思维的英语教学方法。经初步证实，英语形象教学法能较好吸引艺术类学生的课堂注意力，增强学生在课外生活中联想英语学习的兴趣，从而对艺术类学生的英语学习起到一定的促进作用。

第四节 理性思维与英语教学

随着新一轮基础教育课程改革的实施，英语课堂教学改革的深入，在精彩的英语课堂教学环节中，课堂教学的有效性显得尤为重要。这也对高校的英语教学提出了更高的要求，高校教师更要注重课堂教学的有效性，关键就是日常的教学要结合学生实情，让理科思维融入英语教学，给学生以语言实践，突出课堂高效。英语教学教无定法，没有一种教学方式可以适合所有的学生和所有的课堂，应视不同的教学对象施行不同的教学方法，即要因材施教。总之，对于英语课堂教学、英语思维与教学研究效率的提高，方法是多样的，智者见智，仁者见仁。个别教师认为，英语教学只不过是扩大学生的词汇量，向学生介绍语法使用的方法，将词汇辨认和语法分析贯穿于阅读。学生为应付考试盲目做题，不注重拓宽知识面，不能融会其他课程的思维来进行预测、判断及推理，最终导致学生认为记下课本单词、背好课内语法就可以学好英语。从事教育的教师应该从"爱心倾注，构建和谐师生关系"来进行教学。

一、理科思维与英语教学

苏霍姆林斯基说："真正的学校应当是一个积极思维的王国。"理科是实验性学科，但是，也有大量的文字笔记需要记忆，而这些笔记则是教科书知识的浓缩、补充和深化，是思维过程的展现与提炼。"看、记、思、展"这一思想既贯穿理科，同样也适用于英语。

"看"。看实验中的现象，在掌握最基本的物理性质的前提下，通过现象掌握核心的化学性质。看英语单词构成和句子逻辑，看清构成单词的字母顺序。对于学生学英语这点很关键，因此在教学时要提醒学生意识到这一点，主要是看句子逻辑，看清句子成分，即主、谓、宾、状等。

"记"。记实验现象，记方法步骤。对于英语单词，一定得记标准发音，其实熟读便是记。对于句型，同样以读为记。

"思"。由分子构成，想象其空间模型。英语中要思考各种时态的细微差别，一种时态对应一种标志或暗示。这就需要教师在平时教学中引导学生自己思考总结。

"展"。展，即拓展。有机化学中，一种分子结构可以构成几种物质，这就是物理本质上进行化学性质的改变。而在英语中需要怎样的拓展？要注意构词法的规律，教师在教授中注意适当进行构词法的讲解，让学生掌握一些规律，如一些单词的词尾"-y、-ly、-d、-ing、-ment、-ness、-ous、-al、-ation、-ful"等一些词缀。如此，学生可以更好地掌握词性，扩展词汇，加深记忆甚至对陌生的词进行词义猜测。

英语教学的"同课异构"与回归。所谓同课异构，就是立足教学实际，同课是基础，异构是发展，基础内容是前提，而所采取的教学方法和策略各有不同，运用不同的构思来进行有效教学，这就构成了不同结构的课程。这种全新的理念无疑是提倡运用理科的逻辑性思维创设英语教学环境与流程。让传统的死记硬背式"文"英语变成可灵活掌握的"理"英语。但教学过程往往会受到教师、学生、媒体等诸多因素的影响，因此教师应该综合考虑各种因素，坚持以学生为本。所创设的理科情境要有一定的真实性和现实意义，不仅要注重学生的兴趣，更要注重所创设的教学情境要紧和教学知识和教学技能。

二、"理"性运用"互联网+教学"

现代教学技术作为一种现代化的教学手段，已被广大教育工作者认可。但是，如果把现代教学技术仍停留在将小黑板换成投影屏幕或电子白板这一层面上，就不能充分发挥现代教学技术的全部功能，也就不能真正体现现代教学技术在教学中的价值。所以，如何更有效地利用现代教学技术很关键。英语是一门实践性很强的学科，听、说、读、写等要一起发展。如同建造房子，单词是砖块，语法是设计图纸，做习题是实际建造，听力和语言表达是完善的装饰功能。教师必须把学生置于运用语言的活动中去感知、分析、理解、操练，从模拟交际到真实交际，以达到真正掌握英语的目的。所有这一切都必须靠发挥学生的主观能动性，激发他们的学习兴趣，使其形成良好的学习动机，同时教师为其创造良好的客观条件，才能有效地实现。即使是一种好的方法，经常用也失去它的魅力。为了激发学生的兴趣，教师应提高自身的知识层次和修养，拉近师生的距离，让学生在轻松愉快的环境中体会学习英语的快乐，最终使每个学生都能得到很好的发展，达到良好的教学效果。

三、让多媒体真正融入英语教学

英语教学中使用多媒体辅助教学已成为许多教师的首选。多媒体教学在帮助教师教学的同时，也改变着英语课堂的教学模式和教学氛围。这种改变有其积极的一面，也有其消极的影响。要正确地发挥多媒体这一先进技术的作用，使其融入日常英语教学，为教师和学生所用，而不是成为教师和学生的负担。教师能够利用互联网和多媒体更好地丰富教学资源，提高自身专业素养，学生能够利用互联网和多媒体开阔眼界，提高自主学习和合作学习的能力。随着科学技术的日新月异，人们对多媒体技术的使用已深入生活的方方面面，多媒体技术在课堂教学中的运用也趋于成熟。学校大多配备了基本的多媒体教室和多媒体教学设备。针对英语这一科目，多媒体极大地丰富了教学资源和教学手段，使学习英语变得更加直观具体，教学变得更加生动活泼、丰富多彩。使用多媒体教学既有其优越性，也会产生的一些负面影响。例如，现在有一种倾向，大多数的课程必须用多媒体，如果没有它的存在，会被认为这堂课"太守旧、没有创意甚至没花心思去备课"。总认为只有多媒体才能充分激发学生的兴趣，提高课堂效率，但实际情况确实如此吗？有时多媒体教学课就像走进了一个小小的放映室，艺术性尚可，内容十分丰富，气氛也很热闹，这是传统教学中所缺乏的。但我们需要的是将教学的艺术性和实用性完美地结合在一起的多媒体课，不仅要"好看"，而且要"有用"，内容服务于形式，切忌为了追求形式的新颖而影响了课堂教学的实质。多媒体辅助教学因其独特性，逐步开始"占领"英语课堂教学。不可否认多媒体的优势，即容量大、节奏快，且可以从视觉、听觉等方面对学生的感官进行刺激。但在实际教学过程中，由于过多地使用造成英语课堂失去了初衷，多媒体备课也成为教师的负担，更使学生的发散性思维受到了抑制。多媒体变得不再是"辅助"教学，而是影响教学质量，这就有些得不偿失了。如何才能够更好地发挥这一先进的工具，使它恰到好处地融入英语教学中呢？可尝试以下方法。

（一）让图片展示变得有价值

许多教师在用多媒体上英语课时不知不觉就变成了图片展，一些图片的存在只是为了渲染气氛，或者引出教师的一个提问，而这些让人眼花缭乱的图片确实有存在的价值吗？在实际的英语教学活动中，图片的展示是有必要的。为了使学生能更好地理解一节课的主题，可以精选几幅有代表性的图画，不断地、反复地针对这些图片设计不同的问题，或给出不同的解释。"一图多用"而不是"一图一用"。这样不仅能节约教师的准备时间，而且避免了因信息量太大而偏离主题，学生也能在有限的图片材料中反复体会，加深印象，锻炼说和写的能力。这样的图片展示才会变得实用。

（二）让黑板回归课堂

如今，英语教师在用多媒体上英语课时，黑板似乎变得不复存在。一堂课的导入、单词讲解、语法、课堂提问、课堂活动甚至练习的材料和答案通通都装入了制作好的多媒体课件中。课堂上老师只要轻点鼠标，想要的内容就会在屏幕上呈现，且顺序也可以随时调整变化，十分快捷和方便。这样的一堂英语课，学生的脑海里恐怕除了一张张翻来覆去的幻灯片以外，再没有别的印象，可能笔记忘了记，重难点也把握不了，甚至有学生课后向教师复制一份回去复习，其教学效果可想而知。其实，教师在运用多媒体的同时也不要忘了那块被隐藏在后面的黑板，板书的魅力是任何教学设备都无法代替的。精美的板书的吸引力绝对大于一幕幕闪过的画面。学生通过教师在黑板上一步步深入地讲解描述，跟随教师黑板上的文字不断地思考。教师在黑板上表达对事物的看法、对问题的解释或推理时，学生在下面边听边记边思考，这就是师生之间最简单的互动，是教师、教材和学生三者之间的一种交流，如果遇到学生提问，或教师突然的一个想法，可以立即写下进行讨论讲解，这是多媒体教学无法替代的。多媒体的程序化，使呈现的教学内容受到多方面的影响，例如，制作多媒体课件的人员（教师）的技术水平高低、设备条件的好坏、制作花费的时间等，这些方面一旦出现问题，势必会影响教学效果，而现场想要更正或改变却不大容易。而板书却能灵活调整，在不同的地方显示不同的内容，可以利用文字、图形、表格、线条等来帮助教师更具体地表达教学内容，学生也能从板书的书写顺序，排版方式上理解并在脑中形成空间印象，对内容的理解也会更加立体、清晰。所以，一个精致的板书，会让一节课锦上添花。

（三）让学生成为课堂的主角

在英语教学过程中，有些教师会尽可能在课堂的各个教学环节运用多媒体，学生和老师都不可避免地被多媒体影响，老师对着多媒体的内容照本宣科，甚至与学生的交流也用其代替，只按照事先设计好的步骤进行。学生虽然被这些课件吸引，却又没有完全进入学习状态，结果放映结束时就成了课程结束时，课后学生也无法回忆起这节课的内容，记住的或许只是老师准备的精美图片和电影片段，这无疑成了多媒体喧宾夺主的一堂课。如今，教学强调以学生为中心，特别是英语这一语言学习的教学更是如此。教师一味地用多媒体的变换来吸引学生的注意力，把制作画面精美的、充满各种动画的课件作为备课的主要任务，而忽视了关注学生在课堂中的学习状态和学习方法，甚至忽略与学生的交流和互动，不能让多媒体来主宰课堂。在充分利用多媒体来创设近似自然的语言环境、加强视听能力方面的培养、开阔学生的视野的同时，也不要忘记学生才是课堂的主角，要充分发挥他们的主体性和创造性。

（四）让网络、多媒体成为促进英语教学的有利辅助

多媒体教学为人们提供了更加实时的、广泛的、多视角的资源，在这个互联网和多媒体盛行的时代，英语教学也因它的存在变得生动活泼、丰富多彩。教师和学生可以充分利用这一工具，把枯燥的课堂变得活跃，把现实与课堂拉得更近。英语学习更是可以充分利用网络和多媒体的优势，不仅是在课堂

上更加自然地接近真实的语言环境，更是在课余时间也能有针对性地学习和提高英语水平。

1. 教师指导学生合理运用互联网进行英语学习

首先，教师可以指导学生多查阅英文网站，浏览新闻报道，了解世界各地正在发生的重大事件，从中学习各个领域（如政治类、经济类、艺术类、体育类等）的重要的词汇表达。指导学生将新闻中常见的词汇分类记录，有助于学生词汇量的增加，使其自主学习的能力得到培养。其次，除了各类网站的浏览，教师也可以为学生放映一些介绍英语母语国家的风土人情、文化艺术等方面的人文科普类的短片，培养学生的跨文化意识，使其对主要英语国家的政治、经济、生活方式、宗教文化等有一个全面的了解和认识。通过对这些内容的学习，能够了解世界文化、培养世界意识，紧跟时代潮流与进步，了解世界形势。如绿色发展（Green development）、可持续发展（Sustainable development）等。通过对这些语言表达的掌握，更多的是培养学生的思维，开阔视野，了解这些词语背后的额外知识。另外，教师可以利用网络资源补充一些课本上缺乏的、地道的英文表达方式，如常见的成语、俗语、交际中常使用的俚语等，使学生的英语学习不再是为了考试题目，而是实实在在用于日常交流。教师应培养学生自主学习的能力，如课前布置一些与课文内容相关的问题，让学生利用网络查找资料，并在课堂上展示，而学生展示的内容实际上是与教师课堂的要点息息相关的，这样不仅锻炼了学生归纳、总结的能力，让他们在学习中学会合作、愿意与他人分享各种学习资源，也能花更少的时间得到更多的资源和知识，教师与学生不再是单纯的教和学，而是相互学习、相互合作的关系，这样的课堂比教师单独讲授更具吸引力。

2. 学生学会运用网络资源与学习软件自主学习

现在的英语课堂教学中，总会有学生的英语水平参差不齐的情况，而教师要实行所谓的"因材施教"也较困难。且在课堂时间较短、内容多时，也只能以教师的讲解为主，学生并没有更多的时间消化、吸收，互动也少。而网络在线学习和相关的学习软件也给学生提供了课堂以外复习、学习的另一课堂。网络课程趣味性强、自主性强，资源丰富，学生可根据自己的课堂学习情况随时自学或复习，预习课文的重难点。课堂上，师生可以在线进行讨论，共同解答疑难问题，学习完成后会有同步的练习可以作答，并立即评分、讲解，这有助于学生养成自主学习的习惯，帮助不同层次的学生选择适合自己的节奏、方法进行自我提高。学生在课余时间可以利用网络对听、说、读、写进行针对性的训练，如下载各种英语有声读物、英语听写训练、英语新闻、英语小说等，这就需要学生在充分了解自己的情况下，根据不同的情况进行选择，这也是培养学生自我认识、自我分析、自主选择能力的好方法。

3. 师生网上互动交流

英语学习平台能够提供一个轻松、自由的语言氛围，教师可以利用这一点在校园网或其他网站开设英语学习平台，比如云课堂、课堂派、超星电子等，不同于学校课堂中的教学，在这里学生可以聊各种话题，教师也可以提供一些话题供学生思考，而学生可以在此积极发表各种见解，在这之前学生必须充分准备。不同于学校的面对面，学生可以匿名回答，没有正确、错误之分，目的是让学生用英语充分表达自己的见解，体现自己的个性。教师也可以利用这个"加油站"上传一些资料提供给学生，学生可以根据自己的需要下载查看，同时学生也可以补充教师的资料库，通过这些互动，拉近师生的距离，网络为课余的师生交流提供了一个更好的平台。

4. 教师应利用网络提高专业水平

作为语言教师，英语教师大多没有国外学习的经历，而教师自身英语水平的提高就变成了终身学习的过程。互联网可以在很多方面帮助英语教师不断提升自我，网络可以为教师提供各种资源，包括备课资源、课堂资源、专业发展资源等。在目前英语语言环境缺乏的情况下，通过在线收看英语国家的新闻、电视、听英文歌曲、广播等可以弥补语言环境上的不足。在教学方面，各类教研网站为教师提供了交流心得，展示成果的平台。教师可以通过对同行的教学论文的研读，借鉴教学课件的方法，丰富自己的教学理论，总结出最适合自己的教学风格和教学方法。对一个教师来说，只有不断地提升自我，才能为学生提供更高质量的教学，才能真正做到为人师表。

第五节 思维模式负迁移与英语教学

关于思维模式在语言转换中的迁移，下面将详细对汉语负迁移和英语学习进行介绍。

一、汉语负迁移与英语教学

迁移是学习中的一种普遍现象，它广泛存在于知识、技能、态度和行为规范的学习中，也正是由于迁移的作用，所有的习得经验几乎都是以各种方式相互联系起来的。在英语学习中，负迁移现象的产生，一方面与学习者本人的认知水平有一定关系，另一方面也与教师在教学中忽视学生相关能力的培养有关。

（一）文化迁移的定义

已有知识对新知识学习产生影响的现象被称作迁移（transfer），促进新知识学习的迁移称为正迁移（positive transfer），阻碍新知识学习的迁移被称为负迁移（negative transfer）。行为主义心理学认为，英语学习中所犯的错误或遇到的障碍多是学习者母语习惯负迁移的结果。文化迁移则是指由于人们下意识地用自己的文化规则和价值观来指导自己的言行和思想，并以此为标准来评判他人的言行和思想。

（二）汉语文化负迁移对英语学习的影响

因为英语学习者是在已具备了一套具体语言规则的基础上进行学习的，已完成了依靠语言社会化的过程，其社会身份已确定，在学习英语时，其已有的语言知识不可避免地将成为学习英语的参照系。其原有的世界观、价值观等不可避免地发生迁移。因此，许多中国学生的语言学习其实都是"英语语法+英语词汇+中国文化背景"。他们把英语镶嵌到自己母语文化背景之中，割裂语言与文化的关系，造出了许多"Chinese English"而不是"Idiomatic English"，造出了许多的"Discourse in English"而不是"English discourse"。英语教师应该尽可能让学生了解学习过程中会出现的问题，对母语和目的语进行分析比较减少或阻碍文化的负迁移，促进文化的正迁移，从而提高语言交际能力，提高学习效率。同时，从文化迁移的角度来看，要培养出具有很强语言交际能力的学生，教师需要很高的素质。教师不但应有深厚的语言功底，还必须具备较高的东西方文化修养、很强的跨文化意识和跨文化交际能力。

（三）防止汉语负迁移的教学原则

1. 情境性原则

语言作为交流的工具必然与特定的情境相联系。如果脱离实际运用而单纯孤立地学习语言知识，那么势必会导致最初学习时的语言情境与将来实际的应用情境相差太大，造成迁移受阻。在汉语环境中学习英语，在一定程度上增加了学习的难度。如果不考虑这一特点，而是脱离实际、孤立地学习英语知识，则尽管学生在头脑中储存了所学的语言知识，这些知识有可能仍然处于惰性状态，难以在适当的时候被激活、提取出来加以应用或迁移。为此，教学中应考虑情境因素在语言学习中的作用，充分创设并利用各种情境，以使语言迁移达到最好的效果。

2. 鼓励性原则

个性特征是相对稳定的心理品质，这意味着个体在进行语言学习与知识迁移活动时，不可避免地受个性特征影响。个性特征影响学生的整个学习过程，自然也影响迁移过程。在英语教学中，教师应充分考虑到这一点，鼓励学生用英语进行交流，努力尝试运用新的不同的方式来表达意义，对于学生主动使用英语的意识及其行为给予充分的肯定和支持。鼓励学生正视英语学习中的错误。同时针对学生可能存在的个性问题，教师要正确引导，使学生成为一个积极的英语学习者。

(四) 汉语负迁移下的英语学习策略

语言教学应是渐进地、自然地、启发式地、关联地，而不是集中、说教、注入、孤立式地教学。文化随时间、地点、人物的角色变换而发生变化。因此，作为文化中介的教师，在教学中，应以培养学生的跨文化交际能力为目标，以汉语文化和英语文化为内容（还包括其他文化），除高雅文化外，还应涉及大众文化习俗、仪式及其他生活方式、价值观、时空概念、解决问题的方式等深层文化的内容，所讲授的文化信息来源应多渠道，如阅读、交流、大众媒体、实例分析、调查、到目的语国家实践等，多角度介绍来自不同文化背景的人编写的文化材料，并从汉语文化，英语文化及其他语言文化等多角度看待英语文化，采用启发式教学，强调实践，注重学习者的个人参与。教学方式可采用对比法，比如让学生就某一方面将英语文化与汉语文化进行对比，找出异同，突出强调同汉语文化存在差异的英语文化现象，可以尝试从多角度特别是本族人的角度对英语文化进行理解，从心理上认可其在英语环境中的合理性。调整自我观念，超越文化隔界，以开放的态度从不同视角看待和理解母语文化和异国文化。以上目的可通过阅读、倾听、交谈、观察、调研等多种方法和老师、其他学习者、亲朋好友、来自英语国家的人的交流渐进地、自然地实现。不同的民族有不同的文化，各民族的文化既有个性又有共性。共性为跨文化交际提供依据和保障，个性却构成跨文化交际的障碍，进而引起文化的迁移。文化迁移受交际双方文化背景及思维方式的影响，在语言使用中会产生诸多文化迁移现象。探讨英汉文化迁移有助于消除交际障碍，拓宽视野，促进文化交流。

二、汉语负迁移与英语语法教学

汉语作为母语，难免对英语语法学习产生影响，许多英语语法错误都是因为汉语的负迁移所致，在英语教学中应正确引导学生学习英语语法。

（一）语言迁移的本质及理论

语言迁移是指学习者在使用第二语言时，借助于母语的发音、词义、结构规则或习惯来表达思想的现象，任何有意义的学习都是在原有学习的基础上进行的，有意义的学习中一定有迁移。中国学生学习英语，不可避免地受到来自汉语的影响，因为汉语作为原有的经验，是新的语言学习的一种认知上的准备，不可避免地参与到新的语言学习中。无论语间迁移还是语内迁移，都存在着正负两种同化性迁移。而汉语向英语各个层面上的正负迁移更是为人们所熟知。在学习英语语法时，很多人总是用汉语语法去套英语语法，如将"他每天都学习英语"说成"He every day study English"，再如，汉语中"好好学习，天天向上"说成"Good good study, day day up"等都属负迁移。

许多学生在学习英语的时候会习惯性地把母语语言习惯强加于英语上，于是母语的负迁移现象便层出不穷。这些负迁移现象通常表现在文化因素、语音、词汇和语法等方面。汉语作为母语，对中国学生学习英语的干扰是多方面的，涉及语音、语义、句法结构等，在语法方面的表现尤为突出。受母语负迁移影响，学生在英语学习中较多侧重于词法和句法的学习和使用，而缺少对语法整体结构的认识和理解。在英语教学中，学生掌握不了句子的主要意思和分句本身所存在的逻辑关系，导致其主次不分，汉语中很少使用被动语态，被动句中通常含有被动标志词如"被……由"等，而英语中被动语态的使用十分普遍，且被动意义有时是单纯通过句子的形式所表现出来的。英语中用"it"做形式主语是一个非常普遍的句型，而汉语中则缺少这一现象。这些语法错误都是受到汉语的影响即汉语的负迁移所导致的。汉语对英语语法学习负迁移主要包括名词、主谓一致、代词、介词、时态、被动语态等几个方面。为了进一步了解学生因汉语负迁移所产生的语法错误的具体表现及出错原因，需对每一种语法错误进行分析，下面是分类后的一些典型的语法错误及可能的原因分析。汉语中对代词的使用很简单，主格和宾格一样，在所属格在词尾直接加一个"的"字即可，名词性物主代词和形容词性物主代词一样，反身代词也是通过在词尾加"自己"就可以实现，而英语中每一种格对应着不同的形式，在形容词和副词比较级的使用方面，汉语和英语之间也存在着一定的差异，汉语是通过在某个形容词前面加个"更"字来实现的，而英语则是通过对形容词本身变形来实现的，而且形容词变比较级也有几种不同形式。关于主谓一致，英语和汉语之间存在着很大的差异，汉语可以说"我是一个学生，你是一个学生，他也是"。但英语必须用不同的 be 动词形式，换句话说，汉语中主谓一致并不影响语言的表达形式，而英语中主语的变化则会导致谓语形式的变化。动词时态方面，汉语对时态的表现形式并无严格的格式限制，如"昨天当他到达车站的时候，火车已经开走了"。但在英语中对时态的表示有严格的格式要求，此句从句需用一般现在时，主句用过去完成时。

（二）英语教学的现状

随着英语改革的不断深入，各类高校英语教材在内容上也随之发生了变化，由原来以体现语言知识为编写宗旨转向了现在以提高学生听说技能为主。在英语课堂上，教师越来越多地使用交际教学法和听说教学法激发学生学习英语的兴趣，这就阻碍了以语法知识为中心的语法翻译教学法的实施，很大程度上削弱了语法教学，使学生对一些语法的使用存在困难与错误。当然，在英语教学中使用交际法和听说法更加注重学生听说能力培养，也能提高学生的口语表达能力，但是在进行语言交流的过程中，很多学生却不能准确表达自己的思想，这是因为英语对学生的词汇量和信息量有很高的要求，语法知识的铺垫也是最为基本的。只注重听说训练，忽视语言点（词汇、语法）的教学不能很好地巩固学生的英语基础。据不完全统计，大约 80% 的学生坦言其英语考试成绩不理想，主要是由于句法结构的概念模糊再加上词汇量少，考试时一遇到阅读、词汇、语法、翻译或写作时就会方寸大乱。在推进英语教学改革的今天，若不进行基础知识方面的加强，强调提高学生的英语运用能力便只能是空中楼阁。

(三) 避免汉语语法负迁移，加强英语语法学习的主要策略

1. 中英文语法对比

由于中英文的语法结构在某些地方的相似和不同之处比较多，教师应时常将中英文的语法表达进行对比，以进一步加深学生的理解，即促进汉语语法正迁移、减少负迁移。教师讲解语法不一定非得把一个问题的所有方面都讲全讲细，相反要尽可能用简洁清楚的语言，使学生容易理解、消化、记忆和运用。

2. 语法与词汇糅合

把语法与词汇合在一起，学习语法以动词为纲。张道真说："有人把语法比作树干，词汇可说是枝叶，根深叶茂才能长成大树。"因此不要把语法作为一种孤立的知识来学习，孤立学习语法不可能真正掌握语法。只讲语法不会激起学生的学习兴趣，语法要在活生生的语言中才能体现时代气息，语法和词汇是血肉关系。

3. 创造情境教学，提高语篇情景意识

教师在英语语法教学中应坚持"优化而不是淡化语法教学"的原则。目前较为广泛应用的两类语法课堂教学模式是演绎语法教学模式和归纳语法教学模式。除此之外，还应创设趣味性强、贴近学生生活、适合目标语的语境，让学生在语境中探索语法规律，运用语法规则，内化语法知识，真正提高语言运用能力。情景教学法还意味着教师应为学生学习语法创造语篇情景。教师应当在语篇层面进行语法教学，帮助学生树立单句是语篇有机组成部分的观念，培养学生把单句放入语篇中来选用适合语境的语法形式的意识，并引导学生关注语境如何决定语言形式的选择。

(四) 对今后英语语法教学的思考

通过上面的分析可以发现，研究中出现的语法错误大多是因汉语负迁移导致。这种错误如果不经过教师的指引和一些教学策略的帮助，学生很难意识到并改正。因此，在英语的教学过程中，教师应该首先让学生认识到存在

于英语语法和汉语语法之间的不同点，意识到汉语对英语学习所存在的干扰，并努力找出解决办法来消除和避免因汉语负迁移所导致的英语语法错误。

第六节　英语教学中思维模式的培养

一、英语教学中的模仿训练

在近几年的英语教学中，很多教师开始注重语音模仿训练，让每个学生明白语音在英语学习中的重要地位。模仿不是机械地重复，而是要求学生注意语音、语调、语气、句子的停顿和节奏的训练，培养学生讲清晰、流利的英语口语的能力。学生在紧张欢乐的氛围中既获得知识，又不易产生心理疲劳，有效地避免了学生在课堂上注意力不集中的现象。语音模仿训练在听力教学中也能适当渗透。在听力教学中，学生通过听音模仿朗读、听音后复述、边听边写等方法，反复训练，及时纠正发音，不仅对学生起到督促鼓励的作用，还可以有效解决学生朗读、理解课文、语法等方面存在的问题。更重要的是，教师还掌握了学生英语水平的第一手资料，并以此为依据，有针对性地制订各阶段的教学计划和教学安排，有利于提高课堂效率和教学质量。

二、英语教学中的创造训练

只有简单的听和说远远达不到学习英语的目的。大量的模仿训练可帮助学生掌握熟练的发音及口语的基本技巧，巩固英语基本知识。但是，如果只强调模仿性地说，而忽视创造性地说，很难培养出真正的说的能力。句子是语言交流的基本单位，人们都是以一个个意思完整、符合语法规则的句子来表达思想、交流沟通的。在教学实践中，有些学生虽然记忆了几千个单词，储存了很多个句型，但很多时候却无法将它们重组成恰当的语句，学生缺乏从书面语言向口头语言转换的能力。要让学生流利地使用英语，首先必须培养英语口头造句能力。课堂上，教师每教一个新单词，都让学生用这个新单词自由造句，这不仅能帮助学生更好地理解单词的意思，知道这个单词的用法，还能帮助学生复习学过的句型，同时也锻炼了学生的创造性思维。在造句的过程中，学生自然而然地就掌握了新单词。学生的思维具有直观性、形象性，同时也具有内在的创造性，所以，应尽可能地培养学生思维的灵活性和变通性，发展学生思维的独特性和新颖性，给学生提供发挥创造性思维的机会。这样，学生不仅巩固了句型，还能用学过的单词记忆新的单词。要引导和培养学生的创新能力，教师在教学中也应重视创造，只有具有创新能力的教师，才能更好地培养学生的创新能力。

三、英语学习氛围的创设

在英语教学中，模仿和创造依靠课堂教学是远远不够的。因此，教师要想方设法创造英语学习氛围，帮助学生进行深入的练习。可以每月组织学生开展一次英语文化周活动，如其中一个很有意思的活动就是英语电影配音和情境模拟表演。电影是一个很好的媒介，不仅为学生提供了丰富生动的画面。更重要的是地道的英语对话增强了学生对英语语言文化的感性认识，加深了对西方文化的了解。首先，节选一些比较有趣的精彩电影片段，让学生仔细观看，熟悉材料之后根据画面模仿练习其中的精彩对白。在挑选影片时必须考虑学生的认知水平，对白最好简单易懂，词汇不宜过难，俚语不宜过多，影片基调也应是积极向上的，这样学生模仿起来才不会产生畏难情绪。还可以利用电影进行创造性训练，如教师可以将学生分为几组，然后小组成员讨论组织语言将此片段内容进行简单介绍或复述，这一过程能够很好地培养学生的创造性，让学生在娱乐中获取知识，增强对文化差异的敏感性，培养学生跨文化交际意识。

当然，任何一种语言的巩固和掌握，都需要经过大量的实践和运用，仅仅通过课堂的学习和相对较少的交流来达到语言学习的目的是远远不够的。而在中国这样的背景下，对于中国学生学习英语语言时，英语教育者们就更应该可能地为学生创造一种学外语的良好氛围,为学生提供一个学习英语的大环境,可以说良好的英语学习氛围是学生学好英语的重要条件。从课堂氛围、校园氛围甚至到家庭氛围来创设其气氛,形成环境。

课堂氛围的营造在于老师根据教学内容的不同,来设计教学,营造良好的课堂气氛。

学校氛围的创设,可以通过一些"硬性"的规章制度来完成,如可以利用校园广播来推出"每日英语""英语歌曲",播放"英语新闻"来完成;在校园中,鼓励学生在日常的交流中,与老师和同学用英语交流,首先从打招呼问候开始;在校园中,举办"英语角",让口语相对好的学生带领其他同学练习英语,也可邀请外教加入活动,增加学生学习英语的兴趣。

关于家庭氛围的创设,目前此方面的研究内容较少,因为毕竟不同的家庭背景、经济状况和父母学历、知识层面认知的情况有差异,没有统一的标准。在家庭氛围的创设方面,相对中小学生而言,这方面的工作,有些教师可从侧面进行鼓励和引导,适时发布信息和资料,与家长沟通,让家长对学生进行有效的监督,但毕竟大多家长是不懂英语的。对大学生而言,家庭氛围的创设几乎跟学生的英语水平的提高没有直接的关系,因为,大多家长在学生步入大学后,几乎已经不过问学生的学习了。更多的是学生自己要把握好方法,自己有意地安排学习计划,为自己营造一种学习英语的氛围,促进英语水平的提高和实际的口语交际能力。

总之,英语学习是一个着眼于听、说、读、写、译全面发展的过程,突出的是交际中的心智活动过程,教师一定尽可能地创设英语语言学习条件和环境,多训练学生,以课堂为主阵地,积极开发学生的创造能力,科学引导、不断创新、完善教学策略,并且持之以恒,有效帮助学生提高英语的实际应用能力。

第三章 英语教学的方法研究

第一节 交际教学法

　　交际法是20世纪60年代末70年代初英国的应用语言学家在否定结构主义教学法的理论基础上提出来的。其基本概念为"意念""功能""交际"。"交际教学法强调第二语言或外语教学的目的是使学生获得交际能力"。因此，教学以语言功能为对象，教学过程应该是学习用语言做事的过程，其最终目的是在不同的场合对不同的对象用目的语进行得体的交际。交际法是以语言功能为纲、培养语言交际能力的一种教学方法体系。由于交际能力常常被认为是运用语言来完成各种功能或表达各种意念的能力，所以交际法又称为功能—意念法。

　　交际法的产生与语言学理论的发展有着密切的关系，具体地讲，与人类语言学、社会语言学和语用学有密切联系。交际法产生和发展的这二三十年是语言学研究空前繁荣的时期。现代语言学及其边缘科学的迅速发展为交际教学思想的形成奠定了坚实的基础。其直接的理论动因为兴起于60年代的广义功能主义语言学，包括系统功能语法、社会语言学、语用学、篇章分析理论及跨文化交际学等。这些新兴学科的兴起，使人们开始考虑语言的使用和社会功能，以及使用语言的社会环境和文化背景。这些理论在教学上的体现就是注重交际能力，交际是人类自然语言最根本的功能，语言学习不仅应该重视结构、规则、形式的掌握，更应该强调语言的社会功能及学习者的交际需求。学生不仅应该学习必要的语言知识，还应该学会正确得体地使用语言。

语言教学不应该以句子为单位，而应该以篇章为基本单位。语言学习实际上也是一个跨文化体验过程。这些成果构成了交际语言教学思想的核心。

交际法的语言理论基础主要来自社会语言学家戴尔·海姆斯的"交际能力"理论和英国语言学家韩礼德的功能语言学理论。20世纪50年代末乔姆斯基在批判行为主义语言学理论的基础上，提出了"语言能力"的概念。他认为，语言能力是某种远比语言本身抽象的指示状态，是一套原则系统、一种知识体系，因此语言能力并非处世能力，甚至也不是一种组织句子和理解句子的能力。美国社会语言学家、人类学家海姆斯认为，语言能力是一种处世能力，即使用语言的能力。海姆斯提出的交际能力包括以下几个方面：合乎语法、适合性、得体性、实际操作性。迈克·卡纳尔和美林·斯温又将戴尔·海姆斯的"交际能力"理论进一步扩展，包括语法能力、语言能力、语篇能力和策略能力。

韩礼德的功能语言学理论功不可没。他认为，语言是表达意义的体系，不是产生结构的体系。韩礼德进一步研究了语言的社会功能，他的意义潜能理论是对交际法产生重大影响的另一个核心理论。意义潜势是语言能够做事情的行为潜势的实现，换句话说，意义潜势是指"能够通过语言做事情"，表现在语言上就是"能够表达意义"。他从语言运用的角度提出语言有三大功能：认知功能、建立和维持人际关系的功能及连贯脉络功能。以往的语言学局限于研究认知功能，忽视后两种功能。在这种思想指导下的教学理论只注重语言形式训练，只求掌握认知功能，结果学生却不会使用语言，掌握不了交际能力。

与此同时，社会语言学的发展也大大开阔了人们对语言的认识视野。突出的点就是语言的运用与许多社会因素有直接、密切的关系，似乎每个社团都有自己一套使用语言的规则：什么场合讲什么话、对什么人讲什么话、如何赔礼道歉、如何抱怨批评等，都是有某种规范的。甚至有人说，在得体性上的失误所造成的严重后果远远超过语法错误所引起的后果。

交际法的心理学理论是意念论。意念这个词属于心理学的范畴。思维是人的一种心理现象，作为人脑反映现实的思维活动形式，是人类共有的。人类的思维具有共同性和普遍性。操不同语言的各个民族有共同的意念范畴特别是比具体意念抽象程度更高一级的意念范畴，而人的思维又可以分为有限的意念范畴，各个意念范畴又可以分为若干个意念项目，意念项目还可以分为细目，同一个意念项目，各个民族又用几乎完全不同的语言形式来表达。常用意念项目及其常用的语言表达形式构成了某种具体语言的共同内核。因此，采用语言的功能进行教学就是运用这些共同的、有限的意念范畴达到掌握一门语言的目的。由于人类的思维有共同的、普遍的意念范畴，所以常用意念项目就成为欧洲现代语言教学的共核，成为欧洲现代主要语言教学大纲的基础。由此，常用意念项目及其语言表达方式就成为现代语言教学的依据。交际法就在意念理论的基础上编写教学大纲。

　　除以上提及的语言学、心理学的发展外，欧洲又给它的出现提供了社会背景。70年代初期欧洲共同体成立，各国之间的交往迅速扩大，而语言不通成了一大障碍，妨碍了布鲁塞尔机构的运转及西欧各国的交流。鉴于这种情况，欧洲文化合作委员会十分重视成人语言学习问题。此后，共同体的文化合作委员会召开会议，专门讨论成人外语教学问题，讨论制定欧洲现代语言教学大纲。在此期间，出现了一批极有影响的文章，中心思想是把语言看作人与人之间的交际工具。外语教学必须从交际目的出发来决定教学内容和科学方法。交际法的创始人是英国著名语言教育专家大卫·威尔金斯。他于1972年在第三届国际运用语言学会议上作了"语法大纲，情景大纲，意念大纲"的报告，4年后又相继出版了《意念大纲》和《交际法语言教学》，从而标志着交际法的诞生。其代表人物主要有大卫·威尔金斯、H.G.威多森、C.布伦特、C.N.坎德林等。

　　交际教学法在外语教学实践中演化成为两个版本，即所谓强势和弱势，两者的主要区别在于如何看待交际与教学以及如何对待语知识的问题上。强势交际观把二语/外语的获得看作交际活动的结果，坚持要直接通过交际活动习得交际能力，认为外语教学的目的是 using the language to learn；弱交际观认为，应该把语言作为交际工具来教，交际活动的目的是掌握目的语，认为外语教学的目的是 learn to use the language。

交际法教学学习理论，主要包含三项原则：

1. 交际原则，涉及真正交际行为的活动能促进语言学习。

2. 任务原则，活动要求用语言去完成/执行有意义的任务，这样的活动能促进语言学习。

3. 意义原则，对学习者有意义的语言能促进语言学习。因此，学习活动的选择要依据其在多大程度上能使学习者参与到有意义的、真实的语言运用之中（而不是机械的句型操练）。

以上原则说明了什么样的条件能够促进第二语言学习。交际法让学生在真正的交际活动中参与有意义的活动，完成一定的学习任务以达到培养语言交际能力的目的。

J.C. 理查德和 T.S. 罗杰斯对交际教学的原则做了如下概括：

1. 学习者是通过用语言交际学会一门语言的。

2. 真实的和有意义的交际应成为课堂活动的目标。

3. 流畅性是交际的一个重要方面。

4. 交际涉及不同语言技能的协同作用。

5. 学习是一种创造性的建构过程，包含对错误的尝试。

交际法的教学原则具体表现为以下内容：

1. 强调语言的意义和运用，而不是语言的形式。在教学中将语言运用的流畅性摆在首位。

2. 语言学习目的是学会运用语言进行交际，而学习掌握外国语言的最佳途径是用所学语言进行交际。

3. 从学生日后的工作生活的实际需要出发来确定教学目的，制定教学内容。

4. 使学生勇于投入创造性地使用语言的活动中，在不怕失误的体验中获得交际能力。

5. 以语境为尺度衡量语言使用的准确性。

6. 机械训练不作为主要教学手段。

7. 语音达到能被人听懂的水平。

8. 阅读和写作可以从初学开始。

9. 审慎使用母语。

10. 语言错误是学生在学习过程中是不可避免的。学生学习外语的过程是个从常常出现错误的不完善阶段逐渐向不出错误，达到完善的阶段的过程。对不完善阶段语言中的错误不必纠正。

11. 语言材料要来源于真实的话语。

12. 主张给学生的摄入量要大，教材选材范围要广，促使学生有充分的感性认识和宽广的知识面。

英国语言学家 D. 布朗对交际法课堂教学提出四条标准：

1. 课堂学习的目的，完全集中在交际能力的所有组成部分，而不限于语法或语言能力。

2. 形式并不是安排课文顺序的主要框架，而功能才是主要的框架。形式是通过功能来学到的。

3. 准确性在传递信息中的作用是第二位的，流畅性比准确性更重要。成功的交际法的终极目标是传达与接受所表达的意思。

4. 在采用交际法的课堂上，学生必须在未经预演的语境中创造性地使用所学语言。

从上述标准可以看出，交际法依据功能意念大纲组织课堂教学，强调语言的社会功能，特别是强调培养学习者的语言理解能力、表达能力、相互沟通思想的能力、创造性使用语言的能力。交际法注重学习主体，关注学生活动，强调以学习者为中心，教学过程交际化。"交际"不仅仅指相互间的语言信息的表达，还包括人与人之间一切思想感情的交流，是一种活生生的交际过程。

交际教学法把交际能力的培养作为教学的主要目标，人们在试图运用交际教学法的实践过程中，人们也发现了交际法自身的局限性，尚有难以解决的问题。首先，语言的功能项目很多，而且没有一个统一的标准，哪些功能应列入教学大纲，顺序如何排列，都是有争议的问题，而且不易统一；其次，在编写交际法教材时，最大的困难是如何使题材、功能和语法融为一体；再次，实践证明，理想的效果是语言能力和交际能力同时发展，齐头并进而不只是强调其中的某一方面；最后，把教学过程交际化是个理想，实现起来并不容易，努力使课堂教学交际化的同时，往往会忽视语言的准确性，而基本功较差的同学，也不可能训练出理想的交际能力。

交际教学法由于过分注重交际的流畅性，而忽略了语言的精确性。交际教学法反对系统地教授语法，忽视语言知识的系统性和整体功能，语法教学服从于交际教学，语法项目的安排也随交际教学的要求安排，语法教学本身缺少系统性和阶段性，有些语法项目甚至被完全忽略；交际法时期，语法教学是没有什么地位的。即使交际法提倡者并不否认语法教学对交际能力的作用，但在实际教学过程中，对交际意义的过于关注，使得语法教学被排除在课堂之外。20世纪70年代后期，斯蒂芬·克拉申的监控理论曾一度影响了整个北美外语教学界。斯蒂芬·克拉申认为语法不应该进入课堂活动，因为语法所起到的作用只是边缘性的，语法教学对二语能力的发展只起外围、很小的作用。他认为语法教学的影响会随着时间的推移而逐渐减弱。斯蒂芬·克拉申及后来的B.施瓦兹提出语法只能被学习者从可理解输入中无意识地习得，教语法或纠正学习者的错误对他们的语言系统产生不了任何影响。他们的主要观点是认为不需要显性的语法教学，而是通过大量的以意义为中心的语言输入，让学习者自然而然地习得目的语语法。此外，由于过分注重语言的意义，强调语言使用的得体性，从而忽略了二语能力的培养。可以想象如果根本没有语言能力的基础，既不能像样地发音，又没有一定量的词汇，更不会遣词造句，那又怎样使我们的语言富有意义，更不用说去要求语言的得体性了。语法能力是语言能力的重要组成部分，语法的错误会对交际起阻碍作用，所以在教学中全然否定语法的作用是不可取的，培养交际能力不能排斥学习语法知识，如果学生没有掌握语法规则，就不可能产生创造性的准确的语言，获得较强的交际能力。准确的语言能提高交际能力。不符合语法规则的语言因为不能准确传递意义,是无效的。没有掌握一种语言的语法,就谈不上掌握了这种语言,更不要说运用这种语言进行交际。另外,没有语言结构知识,就不能将句子拆分成更小的语言单位并确定结构之间的意义关系,进行从下到上的精确理解。交际能力虽然突出地体现在口头表达上,但也不能忽视理解和书面表达。许多语言学家都肯定语法与交际能力之间的关系,例如,戴尔·海姆斯认为语法很重要,所以"对待语法在整个外语教学中的地位和作用问题,已经不是语法该不该教的问题,而是教什么和怎么教的问题"。

第二节 直接法

19 世纪,欧洲的资本主义得到了进一步的发展,国际政治、经济形势发生了重大变化,尤其是通商贸易,各国之间的交流需要进一步增强,语言不通成为发展的障碍。社会的发展要求更多的人学会外语,参与国际生活,这对外语教学提出了新的要求:口语能力的培养是外语教学的主要目的,语法翻译法满足不了这一新的社会需要。人们日益认识到,现代外语首先是一种有声的交际工具,直接用于社会交际实践。口语是书面文字的基础,口语既是教学的目的,又是教学的手段。现代语言的教学日益受到重视,到 19 世纪五六十年代在西欧一些国家已经酝酿着一场外语教学的革新运动,其矛头直指"语法翻译法"。直接法便是在这种社会需要的背景下产生的。

19 世纪末,结构主义语言学的兴起为外语教学法的发展开拓了新的空间,1886 年国际语音协会成立。1888 年,国际语音协会从结构主义语言学的角度对语言单位进行了科学的分析和系统的分类,产生了标准国际音标,它为外语教学从书面语的教学转向口语教学铺平了道路。国际语音学会的成立和国际音标的制定对推动"直接法"的形成和发展起到巨大的作用。该协会倡导如下原则:

1. 以口语作为外语教学的主要内容。

2. 加强语音训练，以培养良好的发音习惯。

3. 学生通过学习连贯的课文、对话、描写、叙述，掌握外语的最常用的句子和习惯用语。而且，课文要尽量容易、自然、有趣。

4. 学习初期，教语法时要用归纳法，把阅读中遇到的现象加以归纳总结。系统地学习语法要放到学习的后期。

5. 教师授课应使用目标语而不是用母语。教师要尽量用实物、图片或外语解释来代替用母语翻译。

6. 到学习后期开始教写作时，写作的练习活动应按以下顺序安排：首先，重写读得很熟的课文；其次，重写教师口头讲述的故事；最后，自由写作。把外语译成母语或把母语译成外语的练习应该放到最后阶段。

在这个时期，语言学家对于如何教授外语也十分感兴趣。1899年，亨利·斯威特出版了《语言实用学习法》，他在书中阐述了教学法的基本原则，其中包括：

1. 精心选择教学内容。

2. 对所教授内容规定一个界限。

3. 按照听、说、读、写四项技能安排教授内容。

4. 按照从易到难的原则安排教学材料。

德国的外语教学家B.W.菲埃托在1882年出版了《语言教学必须彻底改革》一书，该书是反对语法—翻译法、提倡直接法。菲埃托批评翻译法只重视文字，不重视口语，提倡语音教学，提倡模仿式教学。

外语教育家贝M.贝利兹所创办的"贝利兹外语学校"遍及欧美两洲，无不采用直接法，效果良好，引起全世界的注意。他相信他的方法是幼儿习得母语的心理过程的系统应用，整个课程是按学习母语的自然过程设计的，并努力创造近似幼儿习得母语的自然环境和条件。贝利兹极力主张课堂教学使用外语，反对用翻译进行教学，因为经常使用母语不利于培养学生的外语语感，克服不了母语的干扰。他认为所教授的词汇及句子应是日常生活中的词汇和句子；具体的词汇应通过演示、物体及图片教授，抽象的词汇应通过联想讲授；

他强调口语和听力，同时强调正确的发音和语法，认为语法应通过归纳法讲授；贝利兹课本遵循严格的编写原则：贴近生活，内容生动有趣，循序渐进，取材由具体到抽象、由近及远、由已知到未知。

法国外语教育改革家 F. 古安的代表作是《语言教授法和学习法》，曾轰动西欧外语教学界。他尝试基于对儿童时期学语言的观察建立外语教学法；他认为句子是交际单位，教外语要一句一句地教，不教孤立的单个词。

英国的著名外语教育家哈罗德·帕默是后期直接法的代表人物。他有两部理论著作：《科学的外语教学法》和《外语教学诸原则》，还有两部教学方法论著：《外语教学的口授法》和《通过动作教英语》，并出版了多种教学参考书。帕默认为，语言是一种习惯，学习一种语言就是培养一个新的习惯。习惯的养成一般不靠智力和逻辑，而靠重复，反复使用。所以，学习一种外语要学习句子，不是学习理论规则，把常用的句子练习到脱口而出，也就是养成了一部分新的习惯。进一步讲，语言学习不是科学研究，而是获得一种艺术；艺术停留在口头上是没有用的，而是多次模仿，长期练习。帕默提出了九条外语教学原则：

1. 初步准备工作（让学生养成正确学习习惯）。

2. 养成习惯（脱口而出的话就是正确的外语形式）。

3. 准确性（供学生使用的语言必须符合规范）。

4. 循序渐进（具体指听先于读、吸收先于复述、消极领会先于积极复用、复用先于活用等）。

5. 按比例教学（兼顾到所有要训练的项目，同时又有轻重缓急）。

6. 具体性（先讲具体的东西，再学抽象的；先直观后想象；先实例后理论）。

7. 趣味性。

8. 教学顺序（弄清应该先教写还是先教说，先教词还是先教句子等）。

9. 采用多种方法（对各种方法应持兼收并容的态度）。

菲埃托、斯威特、帕默、贝利兹及 19 世纪的其他改革家尽管在如何教授外语上都有自己独到的看法，但总体来看，他们认为：

1. 应以口语教学为主，这应反映在以口语为基础的教学法中；口语优先和听说并进的原则是根据幼儿学语首先从听说开始，然后学习文字符号的规律提出的。

2. 语音学的知识应被应用于教学及教师培训中。

3. 学习者的语言输入应首先是听，然后再看书面材料。

4. 词汇应在句子中讲解，句子应在有意义的语境中教授。

5. 应采用归纳法讲解语法，即学习者应在具体语境中先接触语法规则，然后总结语法规则。

6. 虽然可以使用母语解释生词，检验学生对所学材料的理解情况，但讲授中应避免使用翻译法。使学生直接地从外语的使用过程中学会这门语言，建立词与意义之间直接的联系。

7. 语音和语法要做到准确。语音的准确性关系到交际时的理解，文法的准确性确保表达和书写语言的正确。

总之，语言学、心理学和教育学为直接法的产生奠定了理论基础。例如，语音学对欧洲几种主要语言的语音体系已做出了全面科学的描述，提出音和字母对应关系的理论；语法学对这些语言的语法结构已进行全面的描写和初步的对比；词汇则提出语义随语境变化等理论。语言学的研究成果证明：不同语言的结构和词汇不存在完全的对等关系，这从根本上动摇了以逐词翻译为基本手段的语法翻译的理论。心理学和教育学此时也都在研究学生的年龄特征、记忆能力、刺激和兴趣在学习中的重要性等问题。心理学家提出的整体学习的学说，使人们注意到在外语教学里，必须让学生从一开始就学习句子。直接法遵循"以句子为基本单位"的教学原则，直接法认为，句子是口头交际的基本单位。幼儿学语是整句整句学的，不是先学单词和语法规则，然后按规则拼凑单词进行表达。学习外语也应以句子为单位，整句学、整句用。原因有四：其一，句子是最小的交际单位，掌握后可以直接用于交际；其二，许多词的具体意义和用法只有在具体的句子中才能得到确定和体现；其三，通过句子学习语音、语调，学得地道、纯正；其四，以句子为单位学习，容易把语言中具有民族特色的惯用语学到手。句型教学就是从这样的一个认识基础上发展起来的，让学生先掌握句子，在掌握句子的基础上认识句型，分析有关语法点，包括句法和词法，以加深对句子的理解和使用。先掌握语言材料，再教里面包含的语法点，这就是直接法的语法归纳教学法。

概括起来说，直接法是以"幼儿学语"理论为基础的，即仿照幼儿习得母语的自然过程和方法，来设计外语教学的过程和教授方法，因此也称为"自然法"。

英语直接法就是直接教英语的方法。直接包含三个方面：直接学习、直接理解、直接应用。《韦氏国际大辞典》对直接法下了一个定义："直接法是教授外语，首先是现代外语的一种方法，它通过用外语本身来进行的会话、交谈和阅读来教外语，而不用（学生的）本族语，不用翻译，也不用形式语法（第一批词是通过指示实物、图画或演示动作等办法来讲授）。"括号内的话，在1950年后的版本中被删去。直接法是在外语教学改革之后形成的一个新学派，直接法主张外语学习是一个"直接"的过程，不需要翻译，不需要讲解语法，也不需要利用学生的母语，只需要运用外语直接进行教学、会话和阅读。他们认为学习外语的过程与儿童学习母语相同，是一个"自然"的学习过程；在学习中，口语是第一性的，学生的思维应直接与外语联系，而无须通过母语"中介"。

直接法的优点是：

1. 强调口语和语音教学，抓住了外语教学的实质。

2. 注重实践练习，通过句型教学，使学生在语言实践中有计划地学习实用语法，发挥语法在外语教学里的作用。

3. 有利于学生外语思维和言语能力的培养。

4. 采用各种直观教具，广泛运用接近实际生活的教学方式和方法，较为生动活泼地进行教学，大大提高了外语教学的质量，丰富了外语教学法的内容；引起学生学外语的兴趣，有利于调动学生学习的积极。

5. 编选教材注意材料的实用性与安排上的循序渐进。

直接法的缺点表现在以下几个方面：

1. 学生在学校里学习外语和儿童在家里学习本族语之间有相同的地方，但也有不相同的地方。在外语教学里忽视青少年或成年人学习外语的特点，完全照搬儿童在家里学习本族语的方法，会给外语教学带来不必要的困难。

2. 青少年或成年人已经牢固地掌握了本族语，这一事实对学习外语既有利的一面，也有不利的一面。直接法只看到它的不利一面，而看不到或忽视它的有利面，在外语课上，生硬地排斥或禁止使用本族语，结果给外语教学带来不必要的限制和麻烦。

3. 在口语和书面语的关系上，在听说与读写的关系上，在处理语法和实践练习的关系上，一味强调或夸大一个方面，而忽视或否定另一方面，不能科学地处理好它们之间的关系，也不能充分发挥它们之间的协同作用。

4. 它突出强调了外语教学的实用目的，而不大注意教育目的，所以用此法培养的学生，就其多数而言，在其独立工作能力和语文学修养上，特别是在阅读高深的文献的能力上，仍赶不上用语法翻译法培养出来的学生。

我们来看一下直接法教学对语法学习和教学的看法：上文我们已经提到直接法在讲授语法时采用的是归纳法，直接法的倡导者认为学习书本语法的主要目的之一是使学习者文句更正确通顺，能判断出句子是否正确学习外语同儿童学习母语一样，也要让学生先掌握实际语言材料，然后再从他所积累的感性语言材料中概括或总结出语法规则，用以指导日后学习；一般不应在学生尚未接触到任何感性语言材料之前便灌注抽象的语法规则，令其背诵语法定义。学习外语，就要把相当大的力气用在外语语法结构的实际掌握上。直接法教学同样重视语法的教学。

第三节　语法翻译法

语法翻译法时期即语法教学古典时期或传统语法教学时期，早在两千多年前，研究一门外语，最初是古希腊语和拉丁语，主要就是对其进行语法分析，用语法术语详尽地描绘目的语的形态特征和句法结构，以及进行书面语的翻译。如果把外语教学法发展史分为前科学时期和科学时期的话，那么语法翻译法便是前科学时期的产物，而不是语言学、教育学、心理学诸学科的自觉的综合应用。

语法翻译法是指用母语来教授外语的一种方法，而且顾名思义，在教学中以翻译为基本手段，以学习语法为入门途径。学习一门外语主要是通过将目的语翻译成本族语，背诵记忆语法规则和词汇，并通过大量的语法翻译练习来强化记忆。其特点是强调语法知识的掌握，认为语言学习实质上就是学习一套外语语法规则。

18世纪、19世纪语言学家对语言的认识及当时的社会需求有助于语法翻译教学法的产生，同时随后的语言学和心理学的研究也为语法翻译法提供了理论依据。18世纪的语言学家对词类的研究和划分为语法翻译教学法的形成打下了重要的基础。当时的语言学家通常把语言整体看作词类的划分，并认为掌握词汇，即掌握了所学语言。18世纪，斯多葛学派最先确定了语法的范畴，包括时态语态、非限定动词等。之后，亚历山大学派在研究词的基础上确定了八大词类：动词、名词、形容词、代词、副词、介词、连词和冠词。18世纪的学者对词类的研究以及词类的划分为语法翻译教学法的形成打下了重要的基础，语法翻译教学法正是依赖于这些语法术语和词类的名称进行课文分析和讲解，并依靠这些基本概念逐步形成较为完整的语法体系。此外，该时期的语言学家把语法看作一种黏合剂，并认为语言学习者只要能够按照语法规则将词汇黏合在一起即可表达思想，也就是掌握了所学语言。在这一认识的基础上，通过对语言规律的研究和分类，他们逐步建立了"希腊—拉丁语法体系"。在这一体系下确定了主语、谓语、表语、定语、状语等，"希腊—拉丁语法体系"的建立初步完成了语法翻译教学法的轮廓和基本的框架。在语法翻译为基础的教学过程中，语法被当作所教授语言的核心，也是语言学习的主要内容，因此教学的中心任务就是教授语法规则，传授语言知识，各种教学活动均以是否掌握了语法规则为准绳。同时，当时的语言学家认为书面语是语言的精华，认为学习者应该通过学习书面语来掌握语言，因此，这一认识为语法翻译法的教学内容确定了相应的范畴；在语言学习和语言教学中，心理学更关注语言的使用者和学习者。乔姆斯基的心灵主义认为人类与生俱来就有形成某些概念的能力，而概念形成是人类习得词汇意义的先决条件。因此，心灵主义的观点支持语法翻译法在外语教学中的运用。

当时人们普遍认为，语言就是词汇加语法，因此学习一门第二语言，就是学习它特有的词汇和语法，掌握了全部语法规则和一定数量的词汇，也就掌握了该门语言。因此在回答"教什么？"时，语法翻译法的答案是：词汇和语法。于是它把死记硬背大量单词和语法规则（还有语法定义、例句等）作为教学的主要内容，把掌握它们作为教学的主要目的。早期语法翻译法教授外语生词和语法往往是分头进行，都要求学生死记硬背，语法往往有单独的课本，按其自身的体系来讲授。中期的语法翻译法已开始注意克服语法教学和生词教学严重相脱离的弊端，尽可能而且尽早地把两者结合起来，有计划地统筹安排，遵循由易到难、由简到繁等一般教学论原则，通过有意义的课文来实施。在处理语法与词汇的关系上，语法翻译法把语法置于首位。因为人们认为掌握一门语言，就是掌握该语言的规则，具有用这种语言理解和表达的能力。因此，语法是关键，只有经过语法分析，才能理解外语句子，也只有合乎语法规则的句子和由这样句子组成的文字材料才是正确的句子和文本。此外，当时人们认为语法在很大程度上也就是逻辑，因此学习语法也就是学习逻辑。语法学习和语法分析被认为是"磨炼智力的体操"。学习语法的同时，也在训练演绎推理的能力、分析的能力等，因此十分重视语法教学。在讲授第二语言时，教师使用母语，把生词及课文中的句子逐一译成母语，翻译是讲解生词和课文的基础。语法翻译法一般采用演绎法教学，即先教抽象的定义、规则，辅以实际的例词、例句，并把例词、例句翻译成母语，以帮助学生理解所学规则，用它们作为指导，来分析以后学习中所碰到的语言现象，以求正确理解并造出合乎语法的句子，从而达到表达的目的。在语言教学中语法规则实际上是语言理论，而且是主要的理论。语法翻译法主张在教学中"理论先行"，以后学生学习语言就在语法规则指导下进行。语法翻译法在语法教学问题上受到古代崇尚理性的理性论哲学思想的影响。教师讲授之后，以语法练习的方式来操练，语法练习多采用把母语译成第二语言，因此，翻译不但是讲解词汇、课文的基础，也是检测学生是否理解所学内容的基本手段。这种教学方法十分注意语法的形式，而不太注意句子的意义，所使用的例句往往脱离语境。

语法翻译教学法具有其独有的特点及经历了漫长的发展过程，到20世纪中期，经过历代教育家的不断努力和实践，克服了古典翻译法中些缺点，从而发展成近代的"译读法"，即主张从语言开始，在教字母的发音，讲解发音部位和方法，在词、词组和句子中练习发音的同时，开始注意阅读能力，把阅读教学放在首位，并贯穿始终。由于他们意识到语法是阅读和翻译的前提，因而在实际教学中，语法仍占十分重要的地位。正因为如此，近代的翻译法仍被人们称为语法—翻译法。每篇课文都体现几个语法项目，例句和练习都是配合语法项目的练习而编写的。讲解课文多是围绕语法难点来进行。然而翻译依然既是教学手段又是教学目的。

综上所述，语法翻译法具有如下特点：

1.学习外语就是学习它的语法和词汇。

2.学习外语，语法既是最终的学习目的，同时又是重要的学习手段。

3.教学用母语进行，翻译是讲解、练习和检查的基本手段。

4.以词为单位进行教学。

5.以文学作品名篇为基本教材，着重阅读，着重学习原文或原文文学名著。

6.在外语教学里利用文法，利用学生的理解力，以提高外语教学的效果。

7.在外语教学里创建了翻译的教学形式。

8.使用方便，只要教师掌握了外语的基本知识，就可以拿着外语课本教外语，不需要什么教具和设备。

关于语法翻译教学法的特点我国著名的英语专家桂诗春教授（1998）对

此进行过精辟的概括,具体有以下几个方面:

1. 语法体系的完整性和整体性。语法翻译教学法借助原"希腊—拉丁语法"的规则。

2. 形成了非常完整、系统的语法教学体系。这一语法教学体系对初学者以及外语学习者来说是非常必要的。教学实践证明,这一体系有利于学习者较好、较快地掌握目的语的整个结构。语法翻译教学法以及建立在"希腊—拉丁语法"规则上的英语语法体系有利于外语学习者认识目的语的形式、不同的词类、句子组合等。它在很大程度上符合并顺应了人们认识和学习目的语的客观规律,有利于学习者掌握好这一体系。

3. 语法翻译教学法较好地体现了外语学习的本质功能,即两种语言形式的转换,进而达到语际信息交流的实际目的。它在一定程度上验证了学习语法和词汇是一种有效的途径,同时翻译是实现信息交流的一种非常有效的手段。

4. 语法翻译教学法重视词汇和语法知识的系统传授,它有利于学习者语言知识的巩固,有利于打好语言基础,更方便于教师的教学安排。人们甚至将语法规则比喻成房子的结构,词汇是盖房的砖,只要将这两者相融合,即掌握了该语言。

5. 语法翻译教学法强调对书面语的分析,着重原文的学习,这样它有利于学习者对目的语的深入理解和掌握。

国外的许多语言教学研究者也从不同的角度对语法翻译教学法进行过于客观的评论和描述,其中,H. 布朗对这一教学法的优点做了以下概括:

1. 在语法翻译教学法中,精细的语法规则和广泛的词汇知识使得语言输入更易于理解。能够使外语学习者所接触到的各种语言现象系统化,由浅入深地将语言分级处理。

2. 语法翻译教学法能够帮助外语学习者肯定或否定他们对目的语所做出的无意识或有意识的假设,辨别母语与目的语的异同。

3. 语法翻译教学法能够帮助学习者将目的语的结构内化,从而提高其使用外语的能力。

语法翻译法的不足体现在以下几个方面：

1. 翻译法不重视听说能力，在教学里没有抓住语言的本质；忽视语音和语调的教学。由于听说得不到应有的训练，学生虽然能够具备比较好的语言基础，熟知语法规则，但他们的口语表达能力较弱，口语交流的意识不强，往往在实际工作交流活动中不能有效发挥所学语言知识的作用。

2. 过分强调翻译，单纯通过翻译手段教外语。这样，容易养成学生在使用外语时依靠翻译的习惯，不利于培养学生用外语进行交际的能力。

3. 过分强调语法在教学里的作用。而语法的讲解又是从定义出发根据定义给例句，脱离学生的实际需要和语言水平。教学过程比较机械，不易引起学生的兴趣。教师容易陷入单方讲解中，忽视了学习者的实践。

4. 过于重视语言知识的传授，忽视语言技能的培养。

总之，语法翻译法是以语法教学为中心，能较好地培养学生分析语言现象的能力，有助于训练学生的阅读和翻译书面文献的能力，但对培养言语交际能力的作用较小，学生的语言使用能力普遍较弱。过于追求语法的精确性，忽视了学生的语言创造能力，不能充分发挥语言学习者语言学习的主观能动性。

语法翻译法由于适应性广，简单而便于使用，尽管受到了极大的挑战和批评，但至今仍为许多外语教师在实际工作中所采用，为外语教学提供很多可以借鉴的东西。

第四节　情境教学法

在大学英语教学的过程中，情境英语教学法主要就是根据学生在英语学习过程中的心理特征及年龄的特点，进行针对性的教学，我们在英语教学的过程中针对性地指出反映论的具体认知规律，同时在英语教学的过程中结合相应的教学内容，有效地应用形象内容来对英语教学情境进行创设。这样能够让较为抽象的英语教学语言成为生动的可视英语语言。通过情境英语教学方法来让学生在学习英语课程的过程中更加深刻地了解英语思维、英语口语及英语感知。根据实际的情境英语教学方法来分析，情境英语教学方法的主要特点如下：能够有效地融合语言、行动以及创设的情境，让英语教学更加的直观、更加的趣味及更加的科学。

一、情境教学的概念内涵

（一）西方关于情境教学概念的界定

情境教学的英文是 Situational Language Teaching，还可以是 Situated Teaching，即在真实情境或教师创设的情境中进行英语语言教学，是由英国语言学家创立的英语教学法。其宗旨是：情境教学是口语化的英语教学，情境教学将学生置身于设计好的情境中，在最大量的口语练习中提高学生的英语口语水平。通过口语水平的提高带动学生英语水平的全面提高。

（二）我国关于情境教学概念的界定

我国关于情境教学有各种不同的表述："情境教学就是运用具体生动的场景，以激起学生主动的学习兴趣、提高学习效率的一种教学方法。""情境教学是指创设含有真实事件或真实问题的情境，学生在探究事件或解决问题的过程中自主地理解知识建构意义。""情境教学是从教学的需要出发，教师根据教材创设以形象为主体，富有感情色彩的具体场景或氛围，激起和吸引学生主动学习，从而达到最佳教学效果的一种教学方法。""情境教学就是创设典型场景，激起学生热烈的情绪，把情感活动和认知活动结合起来的一种教学模式。""所谓情境教学，指的是在教学过程中为了达到既定的教学目的，从教学需要出发，制造或创设与教学内容相适应的场景或氛围，引起学生的情感体验，帮助学生迅速而正确地理解教学内容，促进他们的心理机能全面和谐发展。"李吉林老师认为："情境教学就是从'情'与'境'、

'情'与'辞'、'情'与'理'、'情'与'全面发展'的辩证关系出发，创设典型的场景，激起儿童热烈的情绪，把情感活动和认知活动结合起来所创建的一种教学模式。"简单地说，情境教学就是指在教师人为"创设"的"情境"（有情之境）中所进行的教学。它与我们通常所说的教学情境的差别，就在于"人文性"，是"一个渗透着教育者意图的""生活空间"，即所谓"优化的环境"。

从以上可以看出，情境教学使用的"情境"概念，内涵丰富，它是这一教学系统的中心概念。它不但用在教学的起始阶段，而且还辐射、贯穿于整个教育教学过程；不但指外部环境，而且指主体的内部环境，整合成为心理场；不但在教室里创设情境，还可以带学生到课外、大自然、社会大课堂中去，让学生在现实场景中去感受、体验、思考。

情境教学的概念表述尽管不同，但都把"情境"作为情境教学的出发点和切入点。从学科教学的角度来看，"情境"实际上就是一种以情感调节为手段，以学生的生活实际为基础，以促进学生主动参与、整体发展为目的的优化了的学科教学与生活环境。"情境教学的核心是情境"。情境教学还将情境贯穿教学过程的始终，强调凭借情境促进学生的整体发展，将人文学科的字词句篇、科学学科的定理公式融入具体生动的情境中，融知识性、育人性、发展性于一体。简言之，情境教学中的情境是多元、多结构、多功能的。

应该特别指出的是，英语情境教学中情境的创设不是目的，而是实现教学目标的手段；情境是为教学目的、教育目标服务的。

二、大学英语情境教学的认知理据

"情境"已是当代文化思潮和前沿科学讨论的热门话题。"情境教学"在教育教学领域也自然成了备受关注的课题。任何一次教育教学变革都离不开一定的理论支撑。当代脑科学的研究成果及情境认知学习理论与建构主义学习理论的研究成果为大学英语情境教学设计提供了理论依据。

(一)脑科学成果对大学英语情境教学的支持

根据脑科学的相关研究,人大脑的左右两个半球是各有分工的,左半球主要负责逻辑思维及语言活动,右半球主要负责知觉、想象与情感活动等。在传统的教学中,无论是教师的讲解分析,还是学生对知识的背诵记忆或单项练习,所调动的主要是负责逻辑的大脑左半球的活动。而在情境教学中,教师设计的各种"情境"对学生来说,就是各种新鲜的刺激信号,这些信号不断激活学生大脑皮质的"语言"和"形象"等功能脑区。感受的时候,学生大脑的右半球兴奋;表达的时候,学生大脑的左半球兴奋。这样,大脑的两个半球交替兴奋或同时兴奋,能够使学生的学习更加轻松愉快。

情境教学并不是简单的语义学习,而是引发学生在丰富生动的"场境"中学习,并伴随着学生审美能力的发展与道德水平的提升。学生所从事的认知活动、审美与道德判断活动基于脑的深层结构,因此,情境教学比传统教学能够获得更加良好的教学效果。大学英语教学应充分利用影像、图形、声音等媒介,创设英语学习的情境,激发学生右脑半球的功能,调动学生学习英语的积极性与主动性。

(二)当代学习理论对大学英语情境教学的支持

学习外语的终极目的是能够以外语为工具实现沟通交际的目的。母语的习得是与意义建构相统一的,因此,中国学生学习英语时,母语所起到的负迁移作用往往源自认知错误,学生将母语概念建构模式复制到英语概念的建构模式,因而时常会出现"Chinglish"的表达方式。英语教学的根本目的应该是教会学生用英语来表达,这一目的的实现离不开运用英语的情境。

情境认知理论认为,学习就是合法地参与实践共同体,是基于共同体社会协商建构知识的过程。知识不是一件事情、一组表征,也不是规则与事实的集合,而是一种动态的建构。知识是个体与环境通过交互活动而实现的建构,是人类协调的系列行为,是人类适应环境动态发展的一种能力。知识具有情境性,是活动、背景与文化产品的重要组成部分;知识是基于情境,并在行动中不断发展，人的认知是有意识与无意识心理活动的统一，是理性与情感的统一。美国著名哲学家、教育家舍恩指出，当今的大学教学人为地剥夺学生学习与生活的联系，造成了理论学习与社会实践的分离。要改变这种现状，就要将学生的学习活动镶嵌于具体的教学情境之中，为学生的理论学习找到通往生活经验的"中介"。这就要求大学英语教学设计要以学生的诉求为中心，教学内容与教学活动的安排要与学生的生活实际及专业实践的需要相联系。通过情境教学，把英语知识的建构与学生能力的发展及学生身份的形成等统领起来。

对当代教学改革影响较大的建构主义学习理论也主张学习与情境相互联系。学习"不是把知识作为内在的表征，而是把知识视为个人和社会或物理情境之间联系的属性以及互动的产物"。建构主义学习理论强调学习情境对于意义的建构具有支撑作用，因此，情境的创设是教学设计的重要内容。学习情境要与真实情境相互结合，由于真实情境是生动的、具体的、丰富的，学生在真实世界的情境中，借助于社会性的交往，利用有效的学习资源，能够有效建构知识，重组知识结构。建构主义学习理论对大学英语教学的启示是，教师在英语教学中应创设良好的学习环境，帮助学生有效地建构英语知识。教师应充分利用生动、形象和具体的情境，引导学生在自身体验中应用英语语言知识，提高英语应用的能力。教师在英语教学过程中，应将言、行、情融为一体，使英语教学更具直观性、趣味性与科学性，使学生的智力因素与非智力因素能够获得和谐发展，并充分调动学生学习英语的激情，培养学生的学习兴趣。

三、大学英语情境教学的实施原则

当代教学理论主张教师应成为学生学习的促进者。高校英语教师理应顺应时代的需求，转变传统的教育教学观念，为学生的有效知识建构创设条件。具体说来，就是要通过丰富多样的教学情境创设，使学生能够在具体的语言情境中，达到对英语知识的记忆与保存、理解与应用、评价与迁移。在具体的教学设计实践中，大学英语教师应遵循如下基本原则：

（一）主体性原则

英语情境教学的设计应该克服传统英语教学注重理论知识的强硬灌输、强调死记硬背的教学方法。教师应借助现代教育技术手段，通过良好情境的创设及教师的语言调节，拉近师生之间、生生之间、师生与教学内容之间的距离；激发学生的学习热情，充分保证每个学生能够主动参与、主动投入、主动发展；通过角色扮演，利用角色的效应，增强学生学习英语的主体意识。大学生已经具备了一定的英语知识基础，具备了一定的自主学习的能力，他们不仅具有自主设计教学情境的渴望，也具备自主设计英语教学情境的能力。教师在进行教学设计时，应该根据学生已有知识基础，满足学生自主学习的需要，鼓励学生大胆设计教学情境。其设计教学情境符合学生学习英语的实际需要，教学效果会更加突出。

（二）交互性原则

大学英语教学要充分体现语言教学的交际性，根据大学生的实际，创设情境，通过大量语言实践，培养学生运用语言知识与技能进行英语交际的能力。教师应鼓励学生大胆地使用英语，为学生创造尽可能多的语言实践机会，为师生、生生充分地运用英语进行互动交流提供更多的时间与空间。语言就是交流的工具与媒介，英语教学就是要通过情境创设促进多维主体之间的对话与交流，实现大学英语教学的目的。教师要为学生的对话与交流创设更多的机会，使学生通过看、听、说等行动，体验、感知、领悟知识的真谛，从而感受成功，生成积极的学习态度。只有这样，教师的行为才能产生足够的教育意义，"教师必须站在与学生的关系之中，来选择合理的教育行动，由此形成教师向着学生的实践姿态。"教师在进行教学设计时，应注重在教学过程中如何创设情境，促成民主、和谐、平等的师生关系。

（三）探究性原则

现代认知理论认为，"认知不能脱离具体的身体，认知对有机体的物理属性具有依赖作用，人的身体在认知过程中起到了非常关键的作用。"也就是说，身体的物理属性对认知的内容具有直接的塑造作用。这就要求学生的学习方式应该发生根本性转变，实现传统的接受型学习向探究型学习的转变。为了激发学生的探究，教师在教学过程中要创设类似于科学家研究的情境与途径，让学生在教师的指导下，选择与其学习与生活相关的主题，去探研、去表现、去体悟、去发现、去创造。探究型学习能够促进学生搜集信息、处理信息及分析问题与解决问题的能力的生成。

（四）体验性原则

体验是学生积极参加学习活动时所获得的直接情感感悟。体验使学习进入学生的生命域，知识的学习不仅仅是学生认知发展的过程、理性生成的过程，也是学生情感不断丰富、人格不断完善的过程。世界学习领域倡导的学习理念"I hear, I forget; I see, I remember; I do, I understand"，要求教师在进行情境教学时，应注重学生的体验。"传统教学的弊病之一就是过分强调知识与能力方面的教学结果，忽视学生学习过程的有效性。"在大学英语教学过程中，教师应该创设教学情境，引导学生积极参与，不仅要激励学生用自己的脑子思考，还要激励学生用耳朵听、用眼睛看、用嘴说，也就是亲身经历，去感悟英语知识的作用与价值。

四、大学英语情境教学的设计实践

大学英语情境教学设计的目的就是要使学生能够自然而然地融入英语学习的情境之中，并亲身感受到学习英语的轻松与快乐。受传统教育思想的影响，部分大学教师缺少对大学英语教学设计的研究，一般按照教科书章节的顺序讲解，学生在课堂上习惯于记笔记、记单词、读课文，这种缺少情境支撑的课堂很难培养学生听、说、读、写、译等方面的语言交往能力。在教育教学实践中，为了激发学生学习英语的动机、提升学生参与英语学习的效能、发展学生应用英语的能力，我们在问题情境的设计、互动情境的创设和经验情境的营造等方面进行了尝试。

（一）设计问题情境，激发学生学习英语的动机

教学目标是激发学生学习兴趣的原动力，而问题则是教学目标的有效表达方式。美国教学目标设计专家布鲁姆从认知、情感与动作技能三个维度对教学目标进行了设计。在教学实践中，为激发学生学习的兴趣，依据教学目标的这三个维度，既要设计认知问题的情境和动作技能问题的情境，更应设计情感、态度问题方面的情境。学生学习的情感、态度问题情境的设计虽然较难，但学生的"学习情绪也是可以预见的，可以从学习过程中的线性因果规律中去把握。我们的教学设计只要充分地把握教学原理，珍视教育现场中可能出现的良性现象，并由此拓展出去"，就能获得确定的教学效果。过于重视教师讲授的"告诉式"课堂，切断了教学内容与周围世界的联系，舍弃了教学内容的情境，背离了学生建构知识应该遵循的规律，学生学习的积极性很难调动，这是大学课堂"低头族"群体日益庞大的主要原因。在教学过程中，由于教学内容的变化、学习者个体的差异性、师生情绪的不稳定性及教学对话的碰撞与冲突，教师会瞬间产生反思，学生会即时产生惊讶、困惑与顿悟等。这种变化中的教学过程必然是动态的。大学生的英语学习过程是动态的认知过程，也是情感的生成过程。教师在进行教学设计时，既应该遵循大学生的认知规律，又应该关注大学生情感生成的特点，做到认知与情感的结合。

在进行英语情境教学设计时，为了唤起学生学习英语的内驱力，应力图做到认知、能力与情感的结合。

（二）创设互动情境，提升学生参与英语学习的效能

俄罗斯教育家季亚琴科认为，师生、学生间的多维对话是教学的本质，没有对话就没有教学。英语的 dialogue 是 dia 与 logos 的合成词，logos 的含义是词，dia 的含义不是 two，而是 through。对话仿佛是一种流淌于人们之间的意义之溪，它使得所有对话者都能够参与和分享这一意义之溪，并因此能够在群体中萌生新的理解与共识。在教学对话活动中，不仅涉及科学的行为选择，更处处充满

着艺术的直觉。教学要达到艺术境界是需要条件的。如何达到艺术境界？那就要教师努力去创造这些条件。大学英语教学应当充分利用音乐、图画、角色扮演、戏剧视频、形象语言等艺术手段，创设互动情境，激发学生的学习激情，引导学生积极参与到课堂学习中去。艺术具有唤情的功能，既可以唤起人内在情感潜能，也能满足人的情感需要。大学英语课可以充分利用教材内容，引导学生编写剧本并进行角色扮演；可以运用多媒体技术设计伴有图画、音乐的生动课件，激发学生的学习兴趣；也可以利用生动的、形象的语言，将学生领进想象的境界。

教材是教学的主要依据，但必须经过教学设计，以"章、节"为表现形式的教材文本才能转化为具有情境支撑的对话文本，从而进入教学域。为培养学生应用语言的能力，教师可以要求学生对教学内容的结构与人物进行分析，并将教材文本改写成对话性剧本，当堂分角色表演；也可以为学生创设一个真实的情境，引导学生创作剧本并分角色表演。

多媒体教学的使用，能为学生提供直观、丰富与真实的语言材料。我们在进行多媒体的设计与开发时，高度重视情境的建构与拓展，诸如运用视频资源介绍英美等国家的历史、文化、风土人情等，运用 Internet 的全渠道交互功能及语音信箱等，引导学生进行交流与讨论。为了更好、更直观地展示历史事件、历史知识及历史人物，使学生有身临其境的体验，教师将该单元设计成多个板块，如利用视频、微课展示历史事件和人物，利用课件、深度阅读、在线互动等浸润历史知识。其中，课程视频是核心，课件和讲义为基础，每一个主题的微课是重难点。此教学充分体现出大学英语情境教学的多手段性和多元素性，如电脑、互联网、慕课平台等多手段的利用及软件、硬件、学生和老师多元素的融合，如图 3-1 所示。

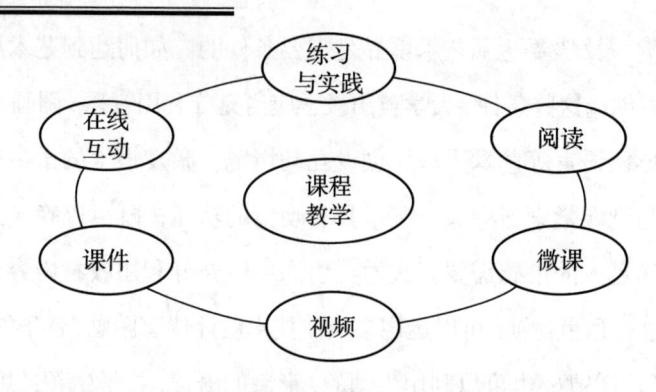

图 3-1　多元素情境教学模式示意图

教师可以根据每一个主题进行设计，制作相互关联又各自独立的微视频或微课，让学生从视觉、听觉等多维度动态地感受知识，具体操作流程如图3-2所示。

微课脚本 → 内容设计 → 技术设计 → 视频设计 → 上传视频 → 课前观看 → 课堂讨论

图 3-2　境教学设计流程图

同时，教师还可以指导学生进行拓展学习，利用慕课、TED平台资源，制作相关微课或者视频，互相学习，上传给教师，探讨自然力量以及与大自然做斗争的案例。

"知识只有通过运用，才有可能使外化的知识内化为学习者的知识，才可能使学习者的经验得以增生。"英语教学十分重视对大学生听、说、读、写等语言应用能力的培养。在教学准备中，我们要认真反复听录音、反复研读教材、反复朗读，读出美感、读出激情、读出意境。这样，教师才能在课堂教学中发挥出语言的情境性作用，将学生领进语言运用的境界。

（三）营造经验情境，发展学生应用英语的能力

知识是基于一定的情境生成的。"当创设的学习情境与学生带入的生活经验及已习得的文本知识相关联时，学生的创造性思维就易被激活，其同情、友善、分享等道德体验亦能同时获得。"因此，我们在进行大学英语情境教学创设时，首先要有意识地联系学生的生活实际，通过情境使学生的知识得

第三章 英语教学的方法研究

到整合，使知识镶嵌于生动的情境之中。这样，学生习得的知识就是有背景的、相互联系的，是可体验、可感悟与可迁移的，而不是僵化、暗淡与惰性的。如在讲授 New College English（Book 4）第三单元的 Job Interview 时，教师设定教学目标：How to prepare for an interview。在实现这个目标的过程中，教师可以利用网络资源，让学生了解真实的面试过程。然后，教师可以指导学生设计自己的简历和面试过程中的注意事项，最后组织学生模拟面试，也可以指导学生参加兼职工作的面试，将所学知识和社会实践结合起来。

在教学实践中，首先，我们要尽可能地运用实物、图片、道具等将教学内容融入形象直观的教学情境之中，激发学生的想象力，调动学生学习英语的积极性，让他们意识到所学的知识在现实生活中的意义与价值。其次，我们要密切关注社会的热点话题，从社会关注的热点中选取与教学内容相关的、生动形象的案例，通过生动的案例情境，使抽象知识具体化、形象化与意义化，使学生唤醒自己的经验，体悟到运用语言的价值。例如，在讲授 New College English 的听力教程中 Cultural Shock 主题时，教师可以让学生课前利用互联网及学习平台收集 Cultural Shock 的案例，归纳诱发文化冲击的原因及带来的后果。课堂上，教师可利用视频或系列微课，让学生体验当前全球化背景下文化冲击的现象及其造成的困扰，同时深挖造成文化冲击的原因，分析指出应对文化冲击的策略。课后，教师可以要求学生进行拓展性学习，如更多地了解异国文化、习俗及跨文化交际的方法等。最后，我们可以通过英语游戏、英语竞赛和英语演讲等实践活动，创设轻松和谐的课堂学习环境，为学生提供更多的使用英语语言的机会。学生亲身参与实践活动，能够有效建构自己在课堂学习中的身份，通过置身于真实的学习情境，能够把自己的情感全身心投入到学习之中，实现教学的共鸣。另外，在大学英语情境教学设计中，我们还有意识地设计学生感兴趣的小组活动情境，如参加同学生日聚会、参与国际学术会议、组织一次文娱晚会等，让学生在这些活动中都有发言、表现、交流与评价等机会。通过这种小组活动的创设，我们试图满足学生用英语交流的渴望，激发学生的兴趣。

大学英语教学的责任就是要培养大学生运用英语的基本能力，语言的运用离不开一定的情境支撑。大学教师应该改变传统的"教师讲，学生听"的单向式知识传播的教学模式，改变教学观念，充分利用多种教学手段创设情境，提高大学生学习英语的积极性，使英语课堂成为学生智慧生成与关系建构的场域。

第五节 听说法和认知法

一、听说法

20世纪40年代以后，各国对外语的需要日益增长，随着心理学、语言学的新发展，外语教学手段和设备的革新，对外语教学法的研究和实验工作都在开展，出现了很多新的外语教学法。听说法便是新兴起的一种外语教学法。

听说法是与语言学理论联系最明显、最直接的一种教学方法。听说法的理论基础是美国的结构主义语言学，其心理学基础是行为主义。在结构主义语言学家看来，语言是高度结构化的体系，但人们进行言语活动时只知道说什么，并没有意识到自己说话中的语言结构。这些语言结构由于掌握到了自动化的程度，说话时可以不自觉地运用。因此，学习外语就应该达到不自觉地运用语言结构的程度，成为一种新习惯。这种习惯的养成需要反复的模仿、操练和实践。因此，听说法主张模仿、操练语言结构，达到能够不自觉地运用这些结构的程度。结构主义语言学家把句子的研究提高到重要的地位，提出了基本句型及句子的扩展，转换等概念，进一步充实了这一种理论的语言教学，为听说法解决了语言教学上的重要障碍。

听说法遵循以下教学原则：

1.语言是说的话，不是写出来的文字，语言都是有声的。学习外语，不论学习的目的是什么，都必须先学听和说，在听和说的基础上才能有效地学习读和写，即先听说，后读写，听说是重点和基础。这个顺序在外语教学里是必须遵循的。

2. 语言是一套结构，而许多语言的结构是通过各种句型得到体现的，因此，要掌握一种语言，首先要掌握该语言的各种句型，特别是常用句型。按句型进行操练是使学生学好外语的捷径。学习语言就是学习它的结构，而结构的全部内容都"尽在句型之中"，掌握了全部句型也就掌握了语言的结构，也就掌握了语言。

3. 语言是一套习惯，习惯的形成需要多次的刺激和反应。语言教学中，应该教语言本身，而不是教有关语言的知识。教语言是教人学习语言而不是认识语言。外语教学是培养学生运用外语的语言习惯。根据行为主义心理学的刺激与反应的学说，培养语言习惯要靠反复操练，语言知识和理解力在这里起不了多大的作用。

4. 语言是本族人所说的话而不是某人认为他们应该说的话。（描写观察到的语言现象；自然语言是什么样子，就教什么语言。）

5. 世界上的各种语言是不同的。每种语言都有特点，特别是在句子结构上各有特点。在编写教材时，必须将外语和学生的本族语进行对比，找出其相同和相异的地方，在这个基础上有针对性地编写教材，才能编写出适合本国学生学习的外语教材。此外，对比两种语言结构可以帮助确定教学难点和重点原则。使操练更有针对性。

6. 有错必纠、及时纠错。根据行为主义心理学理论，外语学习是机械的习惯形成过程，习惯的形成要靠大量的正确的模仿和操练，尽可能杜绝错误的模仿和操练，习惯一旦形成，便难以更改。语言既然是一种习惯，那么语言错误如果听任不纠必形成有害的习惯，到以后就难以纠正。因此当它还没有形成习惯之前，教师一经发现，必须立即纠正。

7. 限制使用母语。既然外语运用是一种习惯，那么只有通过外语本身的大量句型操练才能有效形成。听说法重视培养学生用外语进行思维。用翻译进行教学会阻碍学生用外语思维，对掌握外语十分不利。

由于听说法遵循不同的教学原则，不把语法分析和阅读能力作为教学目标，而主张以口语能力的培养作为主要目标，因此与直接法相比，听说法在课堂教学程序具体施教方法、教材呈现形式、测试等方面都有所改变。听说法把教学目标分为近期目标和远期目标。近期目标包括掌握语音、词汇、语法结构，并理解语言材料的准确含义。远期目标要求学生可以像外语本族语者一样熟练准确地使用外语。为了达到上述目标，听说法在课堂教学中调整为以下几条具体施教原则：

1.在学生入门阶段，教学重点放在口语技能上。随着学习的深入，逐渐将口语技能与其他各项技能联系起来。

2.口语技能是指在人际交往中，使用标准的发音、正确的语法概念、迅速做出反应的能力。

3.语音、词汇、语法和听力的教学目的均在于发展学生的口语流利程度。

4.阅读与写作技能的教学必须在优先发展口语技能的前提下考虑。

听说法主张的教学程序大致可以分成三种：第一种程序将教学过程分成两个阶段：一是理解阶段，占课堂教学时间的15%；二是运用阶段，占课堂教学的85%。第二种把教学过程分成口授语言材料阶段、模仿阶段、最小对立体练习阶段、句型练习阶段、师生对话阶段、读写操练阶段。第三种是美国布朗大学教授W.F.瓦德尔根据听说法原则以及他的多年研究于1958年提出了听说法五段学说，即认识、模仿、重复、交换、选择五个阶段。

听说法的长处主要是能在较短的时间内培养学生初级的外语口语能力和快速反应的能力，打下实际掌握一种新语言的基础，比较适合外语短训班使用。

听说法不注重语法教学，教学中根本不提语法条条框框的问题，认为这些死规则无助于形成新的语言习惯。语言习惯的形成主要靠反复地练习。母语习惯的形成既然如此，外语习惯的形成也不例外。书本上的语法规则不必学，也无须在事先学，事后也不一定学，因为学习语言就是学习它的结构，掌握了全部句型也就掌握了语言的结构，也就掌握了语言。另外根本不承认有什么"语法规则"，听说法派的哲学指导思想是经验论，他们只相信来自实践的经验，十分轻视理性，即语法规则。此外，听说法只重机械训练，这就等于否认了人的认识能力和智力在外语学习中的作用,因此听说法不注意发挥学习者的主观能动性。听说法只重语言的形式方面,而忽视语言的内容和意义方面。由于没有语法分析的能力,所以在碰到结构复杂的语句时,学生往往凭猜想,因此常有不正确的理解;而且,由于学生缺乏语法知识,因此缺乏连贯而准确表达自己思想的能力。由于课文和练习都是为"句型操练"而描写,所以在不同程度上脱离真正的交际实际,脱离真实的语境,课文和对话多半是缺乏中心内容、语境不完整的句子的堆砌,学生学习起来枯燥乏味,到真正的交际场合,往往不能立即得体地运用所学到的语言。

听说法在50年代得到发展,60年代到达鼎盛时期。到了70年代,由于唯理主义的兴起,听说法逐渐失宠,遭到一些语言学家的猛烈抨击,继而出现了功能法和认知法等流派。

二、认知法

认知教学法也被称为"认知—符号法"。20世纪60年代产生于美国,是针对听说法提出来的。我们在上一节已经提到听说法的不足之处,听说法从美国结构主义语言学和行为主义心理学的指导思想出发,把外语教学过程机械化,把语言教学的内容形式化,学生成了被动接受"刺激"的消极对象,缺少智能的培养,忽略了学生的主体性和主动学习能力的培养。而认知法强调人能够进行感知、记忆、分析、综合、判断、推理等一系列智能活动。听说法反对讲语法,对语言的认识是无理性,是单纯的"反应",结果阅读能力差,独立工作能力差连贯言语能力差。认知法强调语法理论知识的重要。甚至有人说,认知法是修改后的语法—翻译法。

认知法的语言学理论基础是乔姆斯基的转换生成语法规则。他认为人的语言能力是与生俱来的,绝不是靠出生之后几年与外界接触而获得的。就是说,大脑结构起的作用是决定性的,外界条件(与一种语言的接触)只是激活了习得语言的机制而已。转换生成语法理论对听说法理论基础进行了彻底清算。乔姆斯基对听说法的结构主义语言学和行为主义心理学理论基础进行了全面批判，并提出语言不是一个习惯结构，而是一个生成转换结构；人脑中有一种先天的语言习得机制，学习者通过语言规则可以创生许多新语言；语言能力决定语言行为。乔姆斯基认为语言是一种受规则支配的系统（mule-governed system）。因此，学习语言不是单纯模仿、记忆的过程，而是一种创造性的活动，是用"有限的规则和材料生成无限句子"。这种观点认为语法可使人"生成出无限的、以前没有听见（或看见）过的、合乎语法的句子"，使人"听（看）懂以前从未听（看）见过的句子，并判断出其语法上是否正确"。语言是人类先天所具有的能力，是人生下来大脑中就固有的能力，即主张语言学习"天赋观念论"。认知法在语言学习"天赋观念论"的基础上形成。

　　认知法以认知心理学为理论依据，重视感知、理解、逻辑思维等智力活动在获取知识过程中的积极作用，强调对语言规则的理解，重视语言教学中母语与外语的交叉对比作用，着眼于培养学生实际运用外语的语言综合能力。认知法的心理学理论基础之一是瑞士心理学家皮亚杰20世纪60年代创立了"发生认识论"，其研究的主要内容是知识是怎样通过人们的思维和心理活动最终形成和发展的。皮亚杰认为掌握新知识是一种智力（或智慧）活动，而这种活动含有一定的认知结构，而不是行为主义心理学"刺激—反应"论所能完成的。他认为人类不同于动物，人是有智慧的。无论是接受刺激，还是对刺激做出反应，都是受认知结构所支配的，其内在动因是认知的源泉，从而提出了一定的刺激，被个体同化，并置于认识结构之中，才能对刺激做出反应。离开了这种认识活动，人不能很好地调整和融洽个体与自然界的关系，因此也就不能获取任何知识和技能。智力活动，每一种智力活动都具有一定的认知结构。他提出的认知发生论强调人类活动相互作用的特性；他把人的活动看成是具有智慧的人调整个体与自然界的关系的行为。他认为人的内部机能结构既具有理解的功能，又有发现或发明的功能，而且这两种功能不可分割。

　　认知法的另一心理学基础是美国心理学家杰罗姆·西摩·布鲁纳的基本结构和发现理论。布鲁纳认为学习是一个认知过程，是学习者主动地形成认知结构的过程。布鲁纳的认知学习理论是建立在对人类学习进行研究的基础上的，所谈认知是抽象思维水平上的认知。其基本观点主要表现在下面三个方面：

1. 学习是主动地形成认知结构的过程

人是积极主动地选择知识的，是记住认识和改造知识的学习者，而不是被动的接受者。布鲁纳认为，学习是在原有认知结构的基础上产生的，不管采取的形式怎样，个人的学习，都是通过把新得到的信息和原有的认知结构联系起来，去积极地建构新的认知结构的。布鲁纳认为学习包括三种几乎同时发生的过程：新知识的获得、知识的转化、知识的评价。这三个过程实际上就是学习者主动地建构新认知结构的过程。

2. 强调对学科的基本结构的学习

布鲁纳认为所有的知识，都是一种具有层次的结构，这种具有层次结构性的知识可以通过一个人发展的编码体系或结构体系（认知结构）而表现出来。因此，他非常重视课程的设置和教材建设，他认为，无论教师选教什么学科，务必使学生理解学科的基本结构，即概括化了的基本原理或思想，也就是要求学生以有意义的联系起来的方式去理解事物的结构。如果把一门学科的基本原理弄通了，则有关这门学科的特殊课题也不难理解了。布鲁纳认为教学的真正目的是使学生能在某种程度上获得一套概括了的基本思想或原理。这些基本思想、原理，对学生来说构成了一种最佳的知识结构。知识的概括水平越高，知识就越容易被理解和迁移。

3. 主动发现形成认知结构

布鲁纳认为，教学一方面要考虑人的已有知识结构、教材的结构，另一方面要重视人的主动性和学习的内在动机。他提倡发现学习法，以便使学生更有兴趣、更有自信地主动学习。发现法的特点是关心学习过程胜于关心学习结果。具体知识、原理、规律等让学习者自己去探索、去发现，这样学生便积极主动地参与到学习过程中去。布鲁纳认为发现学习的作用有以下几点：①提高智慧的潜力；②使外来动因变成内在动机；③学会发现；④有助于对所学材料保持记忆。

约翰·卡鲁尔教授于1964年首先提出了认知法，他认为第二语言是一种知识的整体，外语教学主要是通过对它的各种语音、词汇和语法形式的学习和分析，从而对这些形式获得有意识的控制的过程。而语言的运用能力将会随着语言在有意义的情景中的使用而得到发展。认知法学习理论主张学习句型要理解句子结构，在理解的基础上进行操练。此外，认知法主张进行有意义学习。卡鲁尔提出的理解先于操练的认知法与奥苏贝尔的有意义学习理论如出一辙。奥苏贝尔在《教育心理学：一种认知观》一书中表述了有意义学习理论。他认为学生学习的内容是人类积累下来经过反复加工组织的以符号和语言表述出来的科学文化知识。为了找出有效的学习知识的方式，奥苏伯尔根据两种不同的标准把学生的学习分成两类。第一种分类将学习分为"发现学习"和"接受学习"。发现学习是学生通过自己再发现知识形成的步骤而获取知识，并发展探究性思维的一种学习方式；接受学习指学生理解教师呈现的学习内容，并将这些内容组织到已有的认知结构中去，以便将来可以运用它或把它再现出来的学习。第二种分类将学习分为"机械学习"和"意义学习"。机械学习，即不加理解，反复背诵的学习，亦即对学习材料只进行机械识记，不理解学习内容的学习。意义学习，即理解知识的内在联系之后的学习。奥苏伯尔认为有意义学习比机械学习的功效大得多。在有意义学习中，学习者能够将有潜在意义的材料同自己的认知结构中已有的观念建立联系，与此同时，学习者把自己有效的知识作为理解接收和固定新知识的基础，学习材料被同化到学习者认知结构的相应部分中去，获取新的意义。这样，学习者既容易获得知识，而且习得的知识也更容易保持。有意义学习通过把新知识与学习者认知结构联系起来，克服了学习者在学习过程中信息加工和储存的机械性。

认知法以认知心理、转换生成语法理论、有意义学习理论作为其理论基础，在批评总结以往教学法，尤其是听说法的基础上，形成了以下教学原则：

第三章　英语教学的方法研究

1. 以学生为中心

认知法研究的是中学生以上的成年人在自己国家的环境中学习外语。它认为在外语教学中，学习者的内在学习因素起着决定性的作用。因此，教学应以学生为中心，课堂教学要以学生的实际操练为主，最大限度调动学生的积极性。同时，认知法还认为，由于课堂教学的时间有限，学生必须有计划、有目的地进行课外自主学习。教师在课堂上除去帮助学生掌握外语知识、培养学生用语言的基本能力之外，更重要的是教给学生科学的自学方法和培养学生的自学能力。

2. 在理解语言知识和规则的基础上操练外语，强调有意义的学习和有意义的操练

认知法认为学习外语不仅是一种养成习惯的过程，而且是一套必须遵循语言自身规律的受规则所支配的创造性活动。人类学习语言的过程，就是掌握规则的过程，学生只有在理解和掌握这套规则的基础上才能进行言语活动。掌握规则的途径，一是发现规则；二是创造性地运用规则。发现规则是基础，但更重要的是培养学生创造性地运用规则的能力。所以，认知法在进行中重视语法规则的理解，在理解规则的基础上进行语言活动，进行外语的言语操练活动，并坚持这种言语操练活动应贯穿整个语言教学之中，而非简单地反复模仿和进行机械记忆。

3. 听说读写齐头并进，全面发展

认知法在处理听说读写关系上主张在学习语言的同时让学生学习文字，认为对成年人来说，学习外语最好途径是通过多感觉器官（如眼、耳等）同时或相继地综合运用，单纯依靠声音学习语言是不会收到良好的学习效果的。因此，认知法主张外语教学一开始就进行读写听说的全面训练。认知法追求的外语教学目标是培养学生实际而全面地运用外语的能力。

4. 利用母语与外语的对比分析进行教学

各种语言的语法具有一定的普遍性和共同性，因此，应该有意识地、恰当地利用母语与外语进行对比分析，引导学生正确地进行语言信息的形式转

移。认知法认为母语是学生已有的语言经验，这应作为学生学习外语的基础。

5. 对错误进行分析后加以纠正

认知法将语言的学习看作"假设—验证—纠正"的过程。在这个过程中，学生出现错误在所难免，教师要对学生的错误进行分析，了解学生产生错误的原因，有针对性地进行纠正，逐步培养学生正确运用语言的能力。对那些因疏忽、不熟练而产生的错误，仅做一些指点，而非见错就纠，否则会使学生出现怕出错的紧张感，造成心理压力。少纠正比过多纠正好；事后指出或提醒比当场训斥好。其目的是不伤害学生的积极性，不给他们造成心理障碍。

6. 广泛利用直观教具和电化教学手段，使外语教学情景化、交际化

这有助于创造外语环境，增加学生使用和参与外语活动的机会，进而使外语教学活动得以强化。同时，通过多媒体，网络和语言实验室等现代化手段进行外语教学，不但可以增强课堂的教学信息容量，而且可以使学生的自主学习在课堂上得以实现。

认知法把外语教学程序分为三个阶段：

1. 语言理解阶段

在认知法看来，所谓理解，就是让学生理解老师讲授的和提供的语言操练和语言规则的意义、构成和用法。认知法之所以把理解作为外语教学的第一阶段，是因为理解是学生从事言语活动的基础，学生的一切语言操练都应该建立在理解上。如句型的操练和听说读写各项能力的培养等。应该注意的是，语言规则的理解并非依赖教师的讲解，而是在教师指导下让学生发现语言规则。

2. 培养语言能力阶段

认知法认为，人不分种族、民族性别、智力，都与生俱有习得语言的才能和潜能。外语的学习不仅需要语言知识、结构的掌握，还要学会正确使用语言的能力。外语语言能力的培养要通过有意识、有组织的练习获得。这个阶段既要检查学生对语言知识的理解情况，又要培养学生运用语言知识的能力。

3. 语言运用阶段

这个阶段的教学任务是培养学生运用语言知识，进行听、说、读、写的能力，尤其重视学生的实际交际能力，即注意对学生在脱离课文后的创造性语言交际能力的培养。因此，进行课文以外的专门的语言交际能力的训练显得十分重要。这类训练的方式有以下几种：多种形式的交谈、专题讨论、连贯对话多种形式的自我叙述、口头作文或专题发言、多种形式的学生的笔头记述、场景游戏中角色的扮演、笔头作文、口头或笔头翻译等。这些训练，关键在于营造一个积极的语言小环境，调动和激活每一个学生的兴趣和参与意识。这个阶段将前两个阶段学得的语言知识内容与实际运用能力结合起来，目的在于使学生听、说、读、写各个方面的能力都得到发展。

从以上介绍中，我们可以清晰地看出认知法重视语法教学和语法在学语言中的作用，强调语法理论知识的重要性。认知法的倡导人约翰·卡鲁尔在该法初创时期曾宣称此法是"语法翻译法的现代形式"，他在《语法翻译法的现代形式》一文中首次提出认知法。认知法将学习外语看作主要是掌握语言规则，而不是去形成一整套言语习惯。老师首要的任务是在学生认知结构中建立语法规则的体系，在理解掌握语法规则的基础上，通过逻辑推理，创造性地运用语法规则。在语法知识的教学上，认知法依据奥苏贝尔提倡的类属学习，主张采用演绎法讲解。认知法重视语法规则的理解，把语法从死记教条、定义改造成实际掌握和使用语言，把语法同语言使用结合起来；精选语法中有助于实际掌握语言的规则教给学生，使其学了就用，避免孤立的死记硬背。

第六节 全身反应法

一、全身反应法的背景

20世纪60年代中期,全身反应法(简称TPR),由美国加利福尼亚州圣约瑟州立大学心理学教授詹姆士·阿歇尔(James Asher)首创,并盛行于20世纪70年代。TPR顾名思义是通过全身动作反应学习语言的一种方法,即通过全部身体动作与所学语言相联系教学其他语言。其早期教学的主要对象是美国移民子女。TPR主要根据大脑两半球侧化理论组织语言教学。右脑主管形象思维,左脑主司逻辑思维,并强调左、右半脑互动、协调发展。语言教学需在形象思维的基础上进行逻辑思维活动,并在特定的情景中进行第二语言教学。根据儿童习得母语过程的规律:儿童习得母语有一个长期听力理解的过程,然后才有说的发展。因此,学习习得第二语言首先也需有一个学习听力的过程,然后在听的基础上逐步发展说的能力,最后才发展读和写的能力。正由于TPR强调运用祈使句语言配合动作使学习动起来,所以TPR也被称作"语言动起来"教学法;又由于TPR提倡听力理解领先于说的发展,所以它属于领悟、理解教学法范畴。

全身反应教学法源于直接法、听说法、情景法,并与它们的理论与实践相关。Asher从中吸取了有益的理论与实践成果。直接法的代表人物Gouin极力提倡系列动作与语言相结合的外语教学法,并以表述系列动作的动词为中心和句子为教学的基本单位,例如:

I am standing up.

I am going to the door.

I am opening the door.

我国直接法的代表人物张士一先生所编的直接法英语教科书的第一课基

本上也提倡系列动作与英语相结合，以表述系列动作的动词为中心和以句子为说话的单位，并以命令句进行外语教学，如图 3-3 所示。

```
Lesson 1
Come here.
Take up my book.
Open my book.
Close my book.
```

图 3-3　直接法英语教科书

外语教学先设计一个只听不说的输入理解阶段，然后在听力领会、理解的基础上再进行说的输出训练，这并非 Asher 的首创。早于 Asher 半个世纪之前，英国著名的口语教学法和情景教学法家 Palmer（1917）在他的《语言的科学研究与教学》就明确提出，将"听"设计在"说"之前，设置一个听力阶段，即在表达输出训练之前先进行长期、单纯的听力领会、理解输入训练，在有了一定听力理解基础后再进行说的教学。1959 年，Palmer 还出版了《行为学英语》教学法一书，强调行为与语言协调发展。但这些观点之前未能受到外语教学界的重视，Asher 则吸取了这些有益的成果。

领会、理解教学法倡导者 Winitz 和 L.W.Bulair 将听力领会、理解先于说表达的方法归类于领会、理解教学法（comprehension approach）的范畴。Winitz（1981）举了一个实证的例子。L.Newmark 有一份语言学习过程的描述，他在荷兰住过四个月。期间，他将一个只说英语的四岁小孩与另一个只说日语的孩子送进了学龄前幼儿园。两个孩子开始对荷兰语一无所知，但在四个月时间里，他们都熟练地掌握了荷兰语。Newmark 观察到，两个孩子在前三个星期内很少或根本不说荷兰语，然后开始使用一小部分固定表达法，如"是""不是"。最后，一旦他们能领会、理解周围人说的荷兰语，他们就开始造出完整的句子。根据调查研究的资料，Winitz 提出领会、理解教学法及其几个主要观点：

1. 语言学习，理解能力先于表达能力；
2. 在理解能力的基础上进行说的表达能力训练；

3. 通过听力训练，能转换获得其他言语技能；

4. 外语教学的重点是语言意义，而非语言形式；

5. 尽量减轻学生学习的心理压力。

在语言教学起始阶段，教学的重点放在行为与领会、理解语言之间的联系上。这种行为与语言相结合的教学法理论建立在心理学、语言学，尤其是记忆痕迹理论、大脑两半球侧化理论、发展心理学和人本主义心理学的基础之上。

二、全身反应法的理论基础

全身反应法主要以心理学和语言学，其中尤以发展心理学、大脑两半球侧化和人本主义心理学的理论为其理论基础。

（一）全身反应法的心理学理论基础

1. 记忆痕迹理论

心理学中的记忆痕迹理论认为，记忆越经常、越强烈，则联想与回忆越快捷和容易。记忆可以通过口头完成，也可以和肢体动作活动相联系。结合痕迹活动，如伴随着肢体动作活动的练习，可以提高成功回忆的效益。

2. 言语发展心理学

从发展心理学的角度出发，Asher 认为，人们习得第一语言（母语）和学习或习得第二语言的过程是平行前进的。因此，人们学习或习得第二语言的过程需反映习得第一语言（母语）的过程。既然成年人学习或习得第二语言与儿童自然习得母语的过程基本雷同，那么依据儿童自然习得第一语言（母语）的过程，至少可得出以下几个结论：

（1）存在一个先习得听力的阶段

儿童习得第一语言（母语）的过程中，在习得说话能力之前，存在一个先习得听力的阶段。儿童习得母语伊始先听到大量父母和周围的人所说的口语，并被要求用动作做出理解的反应，而不需也不可能对听懂的口语做出模仿发音的反应。儿童在大量听懂、领会、理解语言的基础上，在大脑中就会形成关于口语的内在蓝图，这种内在口语的蓝图是随后习得说话能力的坚实基础。因此，学习第二语言需从听有意义的话语起始。

（2）要求对听到的话语做出反应

父母、周围人员对儿童说话，有时需反反复复说上数十遍，要求儿童听懂、领会理解他们所说的话语，并渴求儿童做出理解的反应。因此，儿童先获得听的理解能力是由于长期听父母和周围人们反复说话，并要求他们听到口语后产生行为反应的结果。

（3）具有听的理解能力，说话能力会自然产生

儿童通过长期听力训练，逐步听懂、领会、理解人们所说的言语，并做出恰当的行为反应。儿童一旦有了一定的听力理解能力，建立了一定的听力基础，说话能力就会水到渠成，自然产生。因此，"听"是说、读、写能力的基础，说、读、写的能力只有在"听"的基础上才能获得发展，在未能把握听力之前不应急于说话表达。

（4）儿童听的大多是命令句

儿童习得母语的过程最初听到的大多是口头命令句，听口头命令句，并做出全身动作反应，在长期听懂命令句的基础上再学会口头话语，并用语言做出反应。

3. 大脑左、右两半球侧化理论

大脑左、右两半球侧化理论认为，左脑半球主管语言、数学计算等逻辑思维，而右脑半球则主司动作、音乐、图像等形象思维。传统的外语教学观点认为，外语学习大多用的是大脑左半球的功能，因为外语词语直接与逻辑思维的左半脑联系，而 Asher 则认为 TPR 先直接与动作、图像、音乐形象思维的右脑半球联系，然后通过形象思维再与语言理解逻辑思维相连接。

成人学习或习得语言的过程与儿童习得语言过程雷同。成人首先通过右半脑动作活动与语言相联系。右半脑动作先开始活动，左半脑才同时开始观察和学习。一旦右半脑有足量的学习动作产生，左半脑语言活动就被激活。

4. 减轻心理压力

人本主义心理学对 TPR 起了重要的推动作用。它对人的心理情感意志、需要层级价值取向、潜能和创造才能等方面的独到理念，直接影响到当时蓬勃发展的 TPR 的外语教育教学改革。人本主义心理学关于降低学生学习心理压力的观点，有利于掌握语言内容、转变价值观。降低压力不仅有利于掌握所学语言知识与内容，而且也能促进人的价值取向、基本信念和态度的转变。例如，把外部压力、讥讽、羞辱、歧视等看作对学生个人的精神威胁，学生就会对其采取防御措施或加以拒绝；而当外部威胁、压力降到最低程度时，并处在相互信任的情境之中，学生就能比较容易集中注意力、辨别、理解吸收、记忆和运用所学语言知识和内容。

Asher 的全身反应法依据人本主义心理学关于降低学生学习心理压力的观点，提倡师生通过轻松愉快、生动活泼的全身反应动作与语言相结合学习外语，不仅能降低学习者学习语言的心理压力，而且还能营造轻松愉快的学习情境，有助于学生更有效地发展运用外语进行理解和表达交流思想情感的能力。

Asher 还吸取了人本主义心理学关于情感因素在学习中发挥积极作用的观点，认为一种对学生的言语输出不做严格要求，并带有游戏性质的方法可以减轻学生的心理负担，培养愉快的学习情绪，提高学习效率。理想的语言教学应该提供大量的可理解性输入，而且学生在无任何抵触心理的情境下，易于接受和吸收所有的语言材料输入，然后转化为语言材料的输出。

（二）全身反应法的语言理论基础

尽管 Asher 并未直接论述全身反应法对语言本质的观点和语言学的理论基础，但从其对发展语言听、说、读、写能力及其设计的教学顺序，强调祈使句为语言教学内容的中心和课堂操练的内容名称和组织安排形式的视角看，其语言学理论基础显然建立在结构主义语言学的基础之上。Asher 也说，大部分结构和成千上万单词可通过教师熟练运用祈使句掌握。其具体体现在以下几个方面：

1. 听力基础上发展口语能力，口语能力基础上发展书面语能力

无论从人的种族，抑或是个体，首先习得的是口语听力，继而发展听说口语能力，然后在口语能力的基础上习得书面语能力。口语是第一性的，书面语是第二性的，而听力的习得又先于说话能力的发展。

2. 祈使句型是教学的核心

祈使句是语言句型或语法结构之一，而祈使句型是TPR外语教学的核心，而动词又是祈使句的核心要素。全身反应法认为，外语教学需围绕祈使句型及其动词作为核心进行教学。Asher（1977）认为，"很多目标语的语法结构和成千上万的词汇项目，只需在教师的指导下熟练地使用祈使句，是可以学会的。"

3. 习得认知语言图式和语言语法结构

Asher认为，语言由抽象和非抽象两部分组成。而语言非抽象部分大多数是以具体名词和祈使句的动词呈现的。学生不使用语言的抽象部分，就能习得一份详细的"认知图式"和一种"语言的语法结构"。

Asher是这样论述语言认知图式的，"语言的抽象部分可等待学生已掌握目标语的认知图式之后再学。人们照搬语言语法结构学习抽象语言是没有必要的。一旦学生将语法内在化之后，抽象语言就可被引入和被解释于目标语之中。"

4. 语言整体内化

语言作为一种句型结构，如祈使句型结构，是一个被学习者整体吸收和整体内化的过程。Asher认为，大部分句型是作为整体被内化的，而不是单个词汇项目内化。因此，在语言学习和交际运用时，句型作为预制板能起主导作用。

三、全身反应法的基本原则

1. 师生关系

师生关系观认为，教师起直接和积极的作用，而学生则是聆听者和说话

者。形象的来说，就是"教师是一场戏的导演，学生是演员。教师决定教什么，用什么新教材，由谁扮演什么角色"。教师依据选择教材的内容，或以祈使句为核心框架设计教学。教学伊始，教师用外语发出指令，提供给学生最佳听言语的机会，让学生个人或集体根据教师指令做出全身动作反应，并逐步内化所学语言内容和规则，逐步形成认知图式，学生只是一个听众或在导演指导下的一位演员，无权决定学习内容。当然，全身反应法也要求："教师在写教案时，需要写出全部所教内容的正确意思，这是教师的聪明之举，尤其是在写新要求内容时，必须写得正确。"这是备课优良、组织好课以达课堂教学流畅、有序和预期目标的必要前提。

Asher 还认为，教师的作用不是教给学生内容的多寡，而是提供给学生更多次的实践机会。教师要呈现最佳指导性的目标语言，以便学生能以最佳的目标语言内化语言结构。因此，教师是语言输入的掌控者，而学生则是语言输入的接受和吸收者；教师提供新语言材料的认知图式，而学生则动脑进行加工处理，形成语言认知图式。诚然，教师也期望学生相互之间发挥创造性运用语言的能力。

2. 听力发展先于说话能力

听力发展先于说话能力，听力领先是极为重要的原则。教学伊始，首先培养学生的听力理解能力，然后在听力的基础上发展学生说话表达能力。只有充分建立在听力理解的基础上，说话能力才能自然产生。如果听和说两种技能同时训练，由于缺少听力理解的基础，学生不仅对说话难以做好能力和心理上的准备，而且又常因说不出或容易说错而造成学习负担，增加心理压力，影响语言学习。

3. 通过动作发展听指令的理解能力

通过动作发展听指令的理解能力是英语教学的关键。依据大脑两个半球侧化理论，语言听力理解逻辑思维与动作形象思维相结合能加速理解和发展听的能力。听指令的理解能力与全身动作相联系不仅易于理解，而且也便于记忆。听指令是语言交际的基本能力之一。Asher 认为，语言的大多词汇项目和基础语法结构都可以通过指令配合动作进行教学。因此，通过全身动作发展听指令的理解能力是语言教学的关键。如无全身动作的配合，一个新词语或一个祈使句型即使多次重复操练，对学生来说也仍然是一串噪声，难以理解。

4. 听力内化语言结构，说话自然发生

学生学习语言首先需要建立听力理解能力。吸收有了听力内化语言结构的基础，说话能力就会自然产生。学习语言伊始，首先发展听力理解能力，不可强迫学生提早说话。只有听力领先，学生一旦听力理解足量，就能将词语和语言结构内化成认知结构，说话能力就会水到渠成，自然产生。如若强行给学生施加压力，强迫学生提早说话，就会引起学生的紧张情绪，干扰、抑制大脑思维活动，事与愿违。

5. 有准备的说话

为了减轻学生的思想负担和心理压力，允许学生做有准备的说话。因此，教师并不勉强学生在无准备的状态下做说话的操练。

6. 教学强调语言意义，而非语言形式

任何语言都有意义和形式两个方面。语言的意义与形式是一个硬币的正反两面，相互不可分割。在处理语言意义和形式之间的关系时，存在着两种截然相反的理念，一种是以语言形式为主、语言意义为辅，如语法翻译法就是以语法为纲或以语言学习为主；另一种是强调语言意义，而非语言形式，旨在发展学生的听说能力和交际能力，而语言形式为发展交际能力服务。

7. 容忍学生所犯的语言错误

除发音外，教师对学生所犯的语言错误应抱有容忍态度。但 TPR 主张学生之间相互纠正所犯语言错误。而且，随着学生学习的发展和深化，教师的干预则有所增加。

8. 降低学生心理压力

减轻学生学习紧张情绪和降低学生学习心理压力，不仅能促进学生理解和运用语言的能力，而且能营造轻松愉快、生动活泼的课堂气氛。

第七节 任务教学法

任务教学法的产生可溯源到 Hymes 的交际能力理论的出现和随之而来的交际教学法。交际教学法发展到现在已从最初的一种教学途径成为一种教学思想。在交际教学思想的指导下,有各种各样的路子。现在很多教学研究者不再使用"交际教学法"这个概念。

任务型语言教学正是诸多交际教学途径中的一种。可以说,任务型语言教学的教学思想仍然是在交际语言教学思想的理论框架之内。其主要的教学原则和理念与交际语言教学的主张是相同的。因此,J.C. 理查德和 T.S. 罗杰斯在他们最新出版的 *Approaches and Methods in Language Teaching* 一书中把任务型语言教学也归为交际语言教学的一种途径。任务型教学指以任务为核心单位计划、组织语言教学的途径。其倡导者(如 Willis,1996)认为任务型教学是交际语言教学的逻辑发展,因为它与交际语言教学的若干原则是一致的。例如:①包含真实交际的活动对语言学习是至关重要的;②语言用于完成执行有意义的任务的活动能够对学习起促进作用;③对学习者有意义的语言能支持学习过程。研究者认为任务是将这些原则付诸实践的有效媒介物,学习者可以通过完成各种任务发展交际的能力。

关于任务的定义,在《任务型语言教学》一书中一共列有以下观点:

1. 简·威利斯认为:"任务是学习者为了做成某件事情用目的语进行的有交际目的的活动。"

2. M. 拜盖特、P. 斯凯恩和 M. 斯温从学生自主学习的角度认为,任务是一种可以受到学习者选择的影响,可以根据学习者自己的理解而变化的活动。这种活动需要学习者为了实现某个目标而有意义地使用语言。

3. 大卫·努南从交际的角度认为,交际任务是学习者使用目的语来理解领悟、处理问题、发挥创造、相互交流的课堂教学活动。在做这样的活动时,学习者的注意力集中在运用他们的语法知识去表达意义上，而不仅仅是机械地使用语言的形式。

4.杰克·理查兹、约翰·普拉特和海迪·韦伯从教育的角度认为，任务是人们在学习、理解、体会语言的过程中所开展的活动。比如在听录音的同时画一幅地图，听指令做出动作的反应等。

5.M.布林具体从语言学习的角度来界定任务：一个任务是精心组织的、以促进语言教学为目的的一系列教学活动。这些活动有自己特定的目标、适当的内容、特有的学习程序以及各种不同的成果。

6.M.威廉姆斯和R.伯登对任务下的定义比较宽泛，他们认为，凡是能促进学习者语言学习进程的活动都是任务。

7.P.斯凯恩总结了C.N.坎德林、大卫·努南、M.H.朗等人的观点，对"任务型"中的任务做了以下定义：

①任务以意义为主；

②任务中要有问题需要通过语言交际进行解决；

③任务与真实世界的活动有类似之处；

④首先要完成任务；

⑤根据结果评估任务。

也就是说，任务关注的是学生如何沟通信息，通过交流互动解决交际问题，而不是强调学生使用何种语言形式；任务具有在现实生活中发生的可能性；学生应把学习的重点放在如何完成任务上，对任务进行评估的标准是任务是否成功完成。从以上不同的任务界定我们可以看出，对任务主要有两种看法。一种认为任务包括所有学生在课堂上要做的事情，包括学习语言形式的活动，如语法练习和有控制的操练活动。任务不一定要是交际性的，也可以是机械性的、重复性的。另一种观点则认为任务与交际之间有必然的联系，任务的目的就是意义的交流，那些以语言形式为焦点的活动（如语法、语音及词汇练习）都不是任务，只能是"练习"。

任务型语言教学的特点有：

1. 重点关注的是学习的过程，而不是学习的结果。

2. 强调交际与有意义的活动和任务。这些有目的的活动和任务是学习过程中最基本的成分。

3. 学习者是在参与活动与完成任务的过程中，通过交际性的和有目的的交互活动掌握语言的。

4. 需要学习者完成的任务活动既可以是生活中真正的任务或活动，也可以是在课堂内为了教育目标而设计的任务或活动。

5. 在任务型大纲中，任务与活动是根据任务难度来排列的。

6. 任务的难度取决于一系列的因素，如学习者过去的经历、任务的复杂程度、完成任务所需的语言以及完成任务时有哪些可以得到的支持等。

任务型语言教学的理论基础来自许多方面，有心理学、社会语言学、语言习得研究、课程理论、学习理论、认知理论、心理发展以及教育理论等。但它最重要的理论基础是语言习得理论和社会建构理论。

斯蒂芬·克拉申区分出了两个语言学习概念：学习和习得。学习是指通过教学有意识地学得语言；而习得则是指通过交际无意识地接触语言系统而掌握语言。克拉申强调，掌握语言大多数是在交际活动中使用语言的结果，而不是单纯训练语言技能和学习语言知识的结果。克拉申认为，学生掌握语言必须通过"可理解性的输入"。假如输入在一定限度上超出个人的现有水平，习得就自然而然地产生。根据语言习得的规律，语法知识的记忆不能保证语言使用的正确，必须有大量语言的输入才能使得学生掌握所学习的语言。即使学生已经能背诵语法的规则，仍然不一定能在实际使用时正确地运用。也就是说，语言学习者能理解一项语法规则，未必能内化并运用这项规则。语言学习者不仅需要不同情景下反复接触含有这项语法规则的实践机会，而且还需要在不同的情景下、不同的语境中使用这些固定的表达方法，从而逐渐发展自己的语言系统。

M.H.朗提出，语言必须通过"对话性互动"才能习得。M.H.朗认为，语言习得不可缺少的机制是"修正性互动",学生所需要的并不是简单的语言形式,而是可理解的输入与输出的机会。美林·斯温的输出假设认为输出与输入的作用不同,学习者仅理解输入是不够的,还必须有机会输出。语言习得的研究表明,学习者的参与与语言熟练程度的提高关系很大。因此,任务型语言教学的倡导者认为,掌握语言的最佳途径是让学生用目的语去做事情,即完成各种任务。当学习者积极地参与用目的语进行的尝试时,语言就容易被掌握。当学习者所进行的任务使他们当前的语言能力发挥到极致时,习得也就扩展到了最佳程度。在任务型语言教学活动中,学生的注意力集中在语言所表达的意义上,努力用自己所学习的语言结构和词汇来表达自己的意思,交换信息。这时,他们的思维过程与集中在语言形式上的机械性练习是不同的。

　　社会构建主义理论认为,学习和发展是社会活动和合作活动。这种活动是无法教会的。知识是由学习者个人自己构建的,而不是由他人传递的。这种构建发生在与他人交往的环境中,是社会互动的结果。它强调学习者个人从自身经验背景出发,构建对客观事物的主观理解和意义,重视学习过程而反对现成知识的简单传授。它强调人的学习与发展发生在与他人的交往和互动之中。教学应该置于有意义的情景中,而最理想的情景是所学的知识可以在其中得到应用。学生个人的发展是教学的核心,因此,教师在组织教学的过程中,要特别注意以学生为中心,注重在实际情境中进行教学,尽可能多地为学生提供丰富的语料和语境,将学生校外的生活经历与校内的学习活动联系起来。教师最重要的作用是激活学生的内在知识系统。社会构建主义理论支持下的任务型语言教学主张学习过程应充满真实的个人意义,要求外语教师学会促进学习者的全面发展、学习能力的发展、积极的情感因素和健康人格的发展。

　　大卫·努南就任务型教学的特征概括如下:

1. 强调通过用目的语互动学会交际;

2. 将真实文本引入学习环境;

3. 为学习者提供不仅关注语言,而且关注学习过程本身的机会;

4. 增强学习者个人经历作为重要的、促进课堂学习的要素的作用；

5. 努力使课堂语言学习与课外语言激活联系起来。

若对努南的表述进行分析，可发现其中所体现的任务型教学所遵循的原则，这就是：

①互动性原则：互动途径本身是学会交际的最佳途径。重视互动作用还隐含了其他有助于语言学习的原则，包括合作学习原则内在动机原则以及与情感相关的冒险原则等（成功的学习者乐于冒险）。

②语言材料的真实性原则：语言是文化的载体，从某种意义上说，学习一种语言就是学习一种文化。引进真实文本的意义在于：真实文本使学习者直接接触目的语文化，有助于获得对目的语的真实体验。强调引入真实文本有利于培养学习者的文化意识，语境意识。

③过程原则：让学习者体验学习过程是任务型学习的宗旨之一，在某种情况下学习过程是第一性的，而学习内容是第二性的。另外，交际是一个过程，交际能力的获得也是一个过程。任务型教学使得学习者在完成任务、用语言解决问题的过程中，感悟语言、内化语言、学会交际。

④重视学习者个人经验对学习的促进作用原则：任务型教学坚持有效的语言学习不是传授性的，而是经历性的，这体现了对学习者主体地位的确认和关注。学习者个人经历对学习的促进作用一方面表现为对学习活动的积极的认知参与，另一方面表现为学习者个人原有的知识结构、经验背景以及对认知客体的兴趣情感将促进学习者将新习得的信息纳入原有的认知结构，使原有认知结构得以丰富扩展或调整修正。

⑤课堂语言学习与课外语言使用相关性原则：任务型教学注意到了传统语言教学与社会实践脱节的问题，并试图予以克服，它旨在把语言教学真实化和课堂社会化。真实和与生活中的任务相似也是任务型教学中选择"任务"的标准，以保证大多数学生认为有兴趣、有价值和有动力，学生也会竭尽全力去做并从任务的完成中获得自我愉悦感和成功感。

综上所述，"任务型教学"反映出外语教学目标与功能的转变，体现了

第三章 英语教学的方法研究

外语教学从关注如何教到关注如何学,从教师为中心转为学生为中心,从注重语言本身转到注重语言习得与运用的人的变革趋势。从语言教学的角度看,任务型教学的直接目的是要为学习者提供自然的语言学习环境,培养学生应对真实生活中交际问题的能力。完成任务的过程能产生大量人际交流互动机会。"任务型教学"一定程度上把语言能力目标与生活工作能力目标联系起来,通过完成任务学会交际已超越了语言学习本身。

下面我们介绍如何使用任务型教学法进行语法教学。首先我们来看一下任务型语法教学的原则。

范·巴腾提出了一个观点:在语言输入与语言习得之间,有一个语言吸收的阶段,语言吸收被看作语言输入和学习者内化语言规则的一个中间环节。语言吸收只有融合到学习者中介语系统后才成为其隐性知识。

学习者注意到了语言材料,理解了并纳入其短期记忆系统语言吸收之后,还没有完全掌握。仅有可理解性输入还不足以产生语言习得,语言学习者必须将语言输入与语言输出在一个有意义的环境中组合,语言习得才能真正有效。对此,多数研究者持语言形式与运用相结合的观点,在肯定语法教学必要性的同时,提倡给学习者提供大量机会,让他们接触、处理、使用语言形式,加深对各种情景中的形式—功能关系的了解,使得所学的形式真正成为其中介语行为的一部分。近年来的研究充分证明需要向学习者提供各种包含语言形式的交际机会,Ellis 建议将形式教学与交际机会相结合,在任务型教学大纲中穿插语法知识的讲解。语法教学应该是向学习者提供大量的机会,让他们一方面接触各种形式,一方面能运用,既有语言的输入,又有语言的输出,语法教学只有与大量的外语交流机会相结合才能起到长久的效果。因此,根据任务型语言教学的理念,语法教学的原则可以归纳为:语法教学必须与以意义为导向的活动和任务结合,从而给学习者提供大量练习和使用语言形式的机会。

那么,如何以任务为基础进行语法教学呢?1991 年,M.H.朗率先提出了"语意和形式兼顾"的新教学理念,以区别于单纯以形式为中心的"形式焦点"和单纯以意义为中心的"意义焦点",主张在以交际为中心的课堂中采用一定的技巧和手段把学生的注意力引向交际中偶然出现的语言成分。

以任务为基础的教学对于第二语言教学并不陌生,但通常这些任务都是聚焦于意义而不是形式。然而近年来有学者提出了三种类型的任务,旨在提高学习者对语言形式的意识程度。同时,这些又是交际性的,因为学习者必须参与以意义为主的交流。Eilis 提出了三种类型的任务:以结构为基础的产出型任务、理解型任务、增强意识的任务。产出型任务需要使用目的语的形式来完成纯粹的交际活动,任务的材料从性质上来讲不仅仅局限于语法形式,但学习者必须借助目的语结构来完成这些任务。理解型任务是为了让学习者注意和理解经过精心设计的输入材料中的语法形式,通常情况下这些输入材料含有一定的刺激信号,要求学习者做出适当的反应。这两项任务是以隐性的形式在交际情景中介绍目标语的语法形式,强调学生在学习语法时必须置身于有意义的可理解的语言环境中,在具体的语言实践和大量的语言材料中推导出语言的规则,尽可能自然地习得目标语语法。而增强学习者语法意识的任务以完全显性的方式要求学习者用目标语互相谈论语法结构,语法形式就是任务内容。学习者通过分析谈论所给材料中的语法形式,从中推断出一定的规则。

第四章 英语教学模式的改革

第一节 英语教学目标的重立

一、进行教育目标重立的重要性

高职教育是一种学历教育与职业素质养成的科学统一与有机结合的教育。高职教育不仅强调对基础知识理论的学习，更强调对通向未来职业的相关专业技能的训练。教育部在《高职高专教育英语课程教学基本要求》（以下简称《要求》）中强调，高职英语教学要以"应用为目的，以够用为度，以适用为主"，培养学生的应用能力。因此，高职英语的教学不仅要使学生具备接受未来延伸教育的基础能力，更要将与具体行业主要岗位工作相关的英语内容组织到英语教学中，强化学生职业能力的训练，培养学生实际应用语言的技能。

目前，我国高职院校的课程目标已经较为完善，课程设置和课程结构也已日趋成熟合理。但是高职学院的英语课程到底应如何具体安排，教学水平具体要达到什么要求，大部分高职院校还是缺乏科学性、相应的指导性和具体的措施。关于高职英语的课程目标，《要求》中指出："高职院校的英语教学目标是经过180~220学时的教学，使学生掌握一定的英语基础知识和技能，具有一定的听、说、读、写、译的能力，并为今后进一步提高英语的交际能力打下基础。"所以，高职院校的英语教学目标也应根据这一要求，做出相应的调整。

传统的高职英语教学主要是学科知识本位，未来需要进行教学目标的确立，即确立职业能力本位。职业能力本位理论（简称CBE）是1967年在西方国家开始流行的一种关于职业技能培训教育的思想定位。该理论强调在实践中对职业需求的实际操作能力、专业能力、方法能力、社会能力等，综合来说，是职业技能的系统学习和提高。在学习过程中，主张受教育者发挥其主观能动性，并随时进行教学评估，不仅仅局限于对专业方面的学习，还有对职业相关的内容的学习，其教学形式多样化，具有高度的灵活性。至20世纪90年代，能力本位思潮盛行后期，又提出了"关键能力"。该教学思想对中国的高等职业教育的发展产生了长远的影响。

能力本位理论的本质关注点是能力水平，并不与社会学里的能力观完全相同，同时也不与心理学的能力概念有所区别。诸如回归事物的本质是把各种能力分开理解，把整化零。综合考虑是把其作为一项个体的素质表现，结合工作环境、相关因素，综合分析。后者影响比前者广泛，主要是由于高职学生的主要任务就是将来的就业问题，后者的分析恰恰吻合了这一点，培养专业知识技能，就是提高个人的综合能力，能够更好地步入职业岗位。简单来说，高职教育的宗旨就是将专业与职业相结合。

该理论更为确切的说法是职场生存技能。其中始终进行着公共英语教育，注重实际应用能力的提高，方法构思、开拓思维、集体协作和社交能力的培养都是其发展的重要组成部分。换句话说，受教育者在英语应用技能得到提升时，教师也会对其职场技能进行培训，教导其学习协作精神，开拓思维创新，从多方面、多层次进行教学，让受教育者的综合职业技能得到实实在在的提高，即社交（communication）、协作（cooperation）、创新（creativity）这三项技能。

（一）运用英语进行社交（communication）的专业技能

运用英语进行社交的专业技能也就是有能力、自主地结合专业知识、有逻辑性地开展职业工作，然后对该工作过程做出合理的评估，从整合的或者发散的角度分别对问题进行思索，全面地考量该职业任务，该种思维和技术能力就是所谓的专业技能。针对公共英语进行有效的学习，达到轻松灵活地运用英语进行交流沟通的水平，并引申到专业职位上去，能够具体明白地表述自己所要表达的内容和相关情感，参加相关业务社交活动，实现运用英语开展社交的目的。在学习英语时，不仅要学习基本的听说读写练习，还要了解外国的相关文化、习俗等，只有全方面地了解一种语言的文化，才能运用其进行深层次的交流沟通。

（二）以集体协作（cooperation）为出发点的社交技能

自然人作为整个社会群体中的一员，应该具备适应社会变化的能力，也就是正确处理和包含社会中的各种复杂关系，能够随时随地开展相应的社交，并同时担负应有的相关责任义务等。西方国家注重分工，将职场的各项任务更加社会化，职员不仅要能和本公司的员工们和谐相处、团结合作、无障碍交流，并且与其他企业的人员开展业务时也能有效的交际。尤其是特立独行的年轻的员工，对他们进行团队合作意识的培养更值得注重。高等职业教育机构的公共英语课程要结合专业职业需求，培养学生的集体协作精神，能够运用谈判、协商的手段处理极端问题。社会能力包含社交活动过程中的准确表述信息和情感互动的能力、自身素质修养方面、协调能力和管理能力、符合社会道德观的职业道德感和责任义务。教师要以身作则，教导学生为人处世；能够开展多领域的社交活动，以积极的人生价值观对待身边的人和事；有良好的职业精神与团体成员进行协作、情感交流。公共英语课程和专业英语课程的学习目的是开阔学生视野，培养独特的兴趣，构建自我学习能力，培养职业精神，提高社会技能。

（三）发散思维进行创新（creativity）的技能

掌握处理岗位中的业务、决策管理、制订方案等方面的技巧策略，这是学生在离校前应该培养自主学习和独立思考、培养独具特色的思维方式展现自我能力的最终目标，即将所学的专业理论与职业岗位紧密结合，并灵活运用。这些技巧策略可以指导学生高效地培养英语交际能力，在认知和感知角度掌握学习策略技巧，高效地进行英语学习，为以后的自身长远发展奠定好基础，不断提升自我综合素质和能力。

根据职业能力本位理论,高等职业教育的英语教学和评估机制急需注入新的血液,更新传统观念,以职业需求为导向,将基础语言知识转化为语言交流技能,将传统的文本式学习变成技巧式提升,注重高等职业教育英语能力的提高,在实践中灵活运用,突出教育特色。

二、高职英语教学目标重立的内容

(一)设置正确的课程目标

课程目标是确定教学目标、课程内容及教学方法的基础,也是整个课程编制中最关键的原则。因此,只有制定了明确的课程目标,才能使教学过程有条不紊地进行。设置课程目标时,学校首先应结合以往的课程目标及其他先进国家的课程目标,结合自身学校及专业情况和特点,制定出一个有针对性的总目标。由于高职院校培养的是技能人才,因此,高职院校的英语课程总目标也应围绕着提升学生英语交际运用能力这一内容来展开。其次,根据总目标,各专业再根据学生英语学习水平和专业水平制定出具体详细的分目标。最后需要做的就是目标的细化。这就需要教师将分目标细化到每个单元、每个章节,同时还要灵活设计相关的课堂活动,逐步实现分目标。

(二)合理实施和落实课程目标

有了明确的课程目标以后,学校及英语老师需要合理地实施和落实每个课程目标。首先,在落实课程目标中,学校和老师一定要立足于高职院校的实际情况,不仅要帮助学生夯实英语基础知识,同时还要将重点放在学生的专业英语学习上,加强学生的专业知识学习。其次,在课堂活动中,教师还应精心设计教学活动调动学生的英语学习热情。同时,学校还可以通过一些奖励措施来激励和提高教师的教学积极性和主观能动性。最后,任课教师在目标实施中,还要紧跟时代步伐,与时俱进,随时调整和创新教学方法,不断完善课程目标。

(三)及时反馈目标成果

目标成果的反馈可以及时帮助高职院校调整和检测课程目标是否科学合理。目标评价可以通过多种形式,如教师自我评价、学生评价及教务处反馈等进行综合评定。最终的评定结果应及时反馈给教师,使其对前一段的教学活动有清晰的认识,扬长避短,为下一阶段教学活动的顺利实施提供宝贵经验及方向,帮助教师制定切实可行的具体目标,更能使本专业以及学校的英语课程目标得到逐渐地修复和完善。职业技术教育是以培养生产、建设、管理、服务第一线需要的高等技术应用型人才为主,与普通高等教育相比,其培养目标有较大的差别。这就要求高职英语教学体系的建立要与市场的需求紧密结合,以市场为导向,在学生初步完成基本素质积累的基础上,使学生具备进入职业岗位要求的职业能力。因此,我们的课程要紧紧抓住应用为主旨的课程目标体系,以不同的要求来分析各个岗位对英语课程的市场需求,准确合理地定位教学目标。

目前,我国各高职院校在专业课程的设置和要求上已逐步规范、合理,并已形成了较为完善的高职专业课程目标,并结合行业特征,形成了一系列的岗前制度。但高职学院的英语教学要达到什么水平、课程怎样安排,实践中大部分高职院校还是各行其是,有的甚至还在照搬大学专科或干脆沿用中专的教学计划和目标,缺乏指导性、科学性和针对性。

第二节 英语教学模式的重构

高职英语教学模式中主要是对学生的专门的就业工作能力进行提升,通过不同模块分类的方式来开展日常的教学工作。同所有的大学课堂一样,高职院校的课程安排也是按照大集体式的课堂授课方式,在学期末用考试的方式来检测学生的学习效果。可是受到高职院校学生生源的限制,当前大多数的高职院校学生的英语水平相对偏低,同时高职英语课程采取的大班制授课方式的局限性，使得那些英语水平较差的学生更加跟不上教师的教学步伐，慢慢脱离了英语的学习队伍；而对那些有一定英语学习基础的学生来说，这种形式下的英语教学并没有任何的新颖之处，也慢慢失去了英语学习的热情。通过对这些常见的高职学生英语学习存在问题的深入分析，可发现传统高职英语教学模式改革的必要性和迫切性。

一、根据不同类型进行分类授课

对英语的教学工作按照不同类型来分类授课，从而达到为高职学生之后的就业能力提升的目的，也就是将日常的英语课程按照基础学习内容、重点学习内容及提高学习内容这些方面来分类。

（一）实施模块化教学，培养高职学生的专项能力

为了把高职英语教学和职业相关内容有效地融合在一起，通过把高职英语按照其内容和情境分为若干个模块比较适宜，每个模块对应学生的不同专业背景、实际岗位需求设计相应的职业任务和项目，学生通过这种模拟化的职业情境中的英语训练，无形中提升了知识的运用能力和问题的解决能力。

（二）借鉴国外教学模式

1. 借鉴国外教学模式的重要性

调研发现，我国职业学院外语教学的特点是缺乏明晰的课程目标，课堂教学主观性和随意性较大，英语教学过程基本沿袭"单词—语法—课文—练习"的过程，过度重视语言知识体系，学生听说能力没有得到充分训练，教学手段以传统教学媒体为主，很多学校缺乏教学所必需的硬件设施。最严重的问题是与职业及专业不相融合，无法对学生的未来职业发展提供帮助。这些问题的凸显，充分说明了高职英语教学改革的必要性。

CBE教学理念及主题和课程模式对我国职业院校英语教学的教材的编排、课程的安排、师资的配备都给予了一定的启发。VESL的各种教学模式突出了语言课程目标的职业性和专业性、实践性和实用性，这些都具有一定的借

鉴意义。但由于国情文化、语言环境、区域特点、教学设备等方面的明显差异，应根据区域经济发展的状况、各个学院设专业的需求，选择合适的人才培养模式，也可融合交替采用，但不能完全套用，英语教学模式的借鉴需要教育者不断探索。对于职业院校英语教学理念的创新，教学模式的采选必须适合学生的未来职业需求、当前语言水平、心理特征，还应注意教学模式的可行性和可操作性。

不同的高职学生在英语学习中的学习情况和专业要求不同，有的岗位注重交流，而有的岗位注重写作和翻译能力。因此，为了适应学生的其他岗位实践需求，职业院校设立了"英语听力""英语写作"等课程模块。针对学生部分知识要点的弱点问题以及他们自身对于未来工作能力的需求趋向，开展了英语听力以及文章写作这些部分的授课。这种不同类型的模块化教学方式是一种新式的英语教学方式，对于培养高综合素质的未来就业人才有着巨大的影响。

2.VESL 课程特点

VESL 指英语国家职业学校和职业培训机构为解决来自非英语国家移民就业的语言问题，而开发的把英语作为第二语言的培训课程。

VESL 课程具有以下特点：

（1）实地工作场景和岗位基本需求是制定课程目标的根本依据，因此，实用性及实践性极强。

（2）开发职业技能是课程目标内容的核心，以能运用英语工作为标准，目的明确。

（3）课程目标层次定位清晰，分为初级、中级和高级，以满足不同水平学生的需要。

（4）文化融合、教育及社区教育是课程目标的特色，注意跨文化交流意识培养，旨在全面提高学生的文化水平。

（5）课程目标的制定是由学校、行业协会或与用人单位协商完成的，教育管理部门无权制定。

在一定教学理念指导下建立的较固定的教学活动结构框架和活动程序称为教学模式，是特定的系统性教学理论的应用化、程序化和操作化的体现，主要表现在以下几方面：

①第二语言模式。该模式是完全针对就业和岗位环境的语言培训，即培养满足工作现场所需的交流技能，强调一般语言能力的培养，如应答咨询、处理投诉、处理公函等，是针对某一具体领域所需的目的性较强的课程。

②岗位体验模式。该模式把VESL的课堂教学与实践工作体验穿插进行，偶尔强化职业技能训练。在理论学习与岗位实践交替进行中，学生能获得适应工作岗位的丰富经验，学生所在的体验工作单位的老板也能在雇用其之前了解其工作能力和文化水平，但这种模式设置的学习时间较长。

③职业模式。该模式为模拟职业情境的课程，根据学生所选择的未来职业方向，模拟创建真实的职业情境，如汽车维修、医疗护理、宠物养护等。在给学生提供具体职业技能训练的同时也提供相关的语言培训及跨文化交流意识培训。

④现场模式。该课程将教学设计于某一具体工作地点或岗位，定位精确，目标清晰，如酒店前台、导购、服务生等。该模式强调培训具体工作领域相关的语言及技能培训。课程由社区学院或工会提供，培训过程中渗透一定的岗位职能、技巧及社区文化等。

二、构建以职业素质导向为核心的高职英语课程框架

理念是教学的指导思想，课程框架是基于理念设计的教学模型。构建以职业能力为导向的高职英语课程框架，必须明确课程教学目标，合理安排课程教学内容及时间。

（一）以职业素质导向为核心的高职英语课程目标

以职业素质导向为核心的高职英语课程目标设定为强化培养学生在职场环境下运用英语的听、说、读、写、译的各项基本能力；渗透跨文化交际意识与技巧；培养学生的各项社会能力及自主学习能力，全面提升学生的各种

职业素养，为学生的就业竞争力及未来的可持续发展打下坚实的基础。

（二）以职业素质导向为核心的高职英语课程结构

基于现阶段较多采用的"工学结合 2+1"高职人才培养模式，以职业素质导向为核心的高职英语课程结构设定为"基础英语 + 专业英语"。分两学年四学期完成，每周 4 学时，共计 172 学时。听力教学时间需占教学时间的 20%。

三、拓展以职业岗位为导向的教学组织形式

（一）实施合作教学，大班授课与小组合作训练学习相结合

课堂教学是高职英语教学的主阵地。教学过程中，英语教师应该使用以听说训练为主的交际教学法、以学生自主学习为主的探究教学法和以创设各种工作情境为主的任务型教学法，实行大班授课与小组合作训练学习相结合。大班讲授英语语言基础知识坚持实用为主、够用为度的原则，教师主要讲解语言难点、与学习材料相关的文化背景知识、行业背景知识、英语学习方法，并解答学生提出的问题。而学生的综合语用技能与英语职业岗位能力的培养则以小组合作训练学习为主。合作学习（cooperative learning）就是根据学生的不同层次将他们混编成若干小组，每组 2~6 人，以合作和互助的方式完成学习任务的教学组织形式。合作学习中，学生的主体性得到充分发挥，学习的主动积极性得到提高，可自主学习、主动参与到教学实践活动当中。

在高职英语教学中，小组合作活动可以实行以下方式：日常生活问答合作式、行业英语资料检索合作式、职场环境情景描述合作式、小组讨论合作式等。练习设计要突出行业岗位群所需要的职场交际的语言知识与技能的训练，体现以完成职业岗位任务为导向和学生主体性参与，以 group project、pair work、discussion、presentation、survey report 等方式，使练习体现职业性、开放性、实践性、交际性、协作性及多样性的特点。在每个小组完成任务后，各组代表进行陈述或全组展示，教师和学生一起对各组任务完成情况及语言学习情况进行评价。小组合作训练能很好地激发学生的英语学习兴趣，同时

培养学生的合作精神、交往能力、创新能力、竞争意识、平等意识、自主能力，在分担与共享中使个性获得张扬，提高英语语言技能和职业岗位能力，优化大班授课教学效果。

另外，在时间和条件允许下，可以组织老师为学生开设各类英语兴趣培训班，包括语法、口语、写作、翻译、国外文化介绍、风土人情等，可以根据自身需要和兴趣来择班而学，以取长补短。

（二）结合专业特点，布置课外自主学习任务

英语自主学习是课堂教学的必要补充，是对课堂教学的延伸与拓展。一方面，高职英语作为基础文化课程，自然也承担着培养学生自主学习的任务；另一方面，自主学习本身是英语语言学习的主要途径之一。因此，在学生入学时就让他们明确自主学习的重要性，指导他们制订个性化自主学习计划、学习内容和学习任务。教师在教学中要正确引导学生选择相应的自主学习方法，以巩固强化课堂所学的知识和能力。网络化使英语学习极具开放性，各类英语学习网站和英语学习应用层出不穷，教师可以向学生推荐在线英语词典，介绍一些好的英语学习网站，以及相关英语学习应用，指导学生根据自己的语言基础和爱好选择合适的学习材料，进行听、说、读、写、译专项自主学习训练。

教师还可以尽量多给学生设计一些开放性的课题作为课后任务，来代替只需简单地回答"YES""NO"或只有固定答案的这类封闭式作业。比如，对汽车运用技术专业学生，可以让大家搜索各汽车品牌的英文名称、标识，对相应品牌车的发展做一个简要归纳，并鼓励大家上台用英语给同学们展示自己的研究成果，又或者零配件的相应英语名称搜索，等等。通过各种合理的开放性课题给他们更多空间去自主学习，鼓励他们抛开书本，积极去思考如何将课题与自己的职业规划相结合，积极去探寻自己感兴趣的点，以此培养学生的职业岗位能力，同时激起他们对英语的学习热情，培养学生的独立思考能力、信息搜集能力和创新能力。

（三）聘请行业专家，定期开设英语学习讲座

高职英语教学应定期邀请各行业专家、企业高管、工程师等来校进行各类英语学习专题讲座，讲座的内容主要涉及各个行业的前沿信息、各职业的发展方向及当前的人才需求、异域的人文风情、社会礼仪，并为学生带来实际工作中他们所遇到的案例，与大家分享他们发现问题、分析问题、解决问题的过程。让学生能有机会体会到理论与实践是如何真正的结合，从而为自己在学校的学习设立一个清晰的目标做铺垫。还可以创办英语社团，拓展学生口语交流机会，建立严格的出席制和评分制。参加英语社团的目的是让大家在一种较为轻松的环境中就学习到自己平时不知道的或者被忽略的一些知识，充分培养自己的表达能力和胆量。要求社团每周安排活动，活动的内容可以是每次设定一个固定主题或者大家自主，要求会员们轮流上台演讲，与大家分享自己的信息。并请老师作为评委对演讲的同学进行打分，并指出其中优缺点，对优胜者可以给予适当的奖励。在社团活动中也可以组织学生先观看原声电影，选取优质电影题材如《乱世佳人》《费城故事》《老友记》《当幸福来敲门》等，并鼓励学生给出观后感或者赏析，让大家能充分感悟电影所传递出来的丰富信息，这样既了解了国外的语言、生活、文化、习惯等，又陶冶了情操，同时提升了学生的业务交流能力，提高了他们的心理素质，提升了个人的综合素质。

第三节　英语教学方法的变革

高等职业教育改革中明确了，为用人单位培养输送能够适应岗位和职业实践需要的职业技能型人才是高职英语教学的本质要求和最终目标。然而，当前部分高职院校的公共英语教学中，不仅选用的教材与专业无关，而且教学内容也缺乏专业背景，这也造成了高职英语与实践之间的严重脱节。

教学内容的职业性并不强。依据高等职业培育提升学生的综合事业技能的教学指导思想，高职英语教学的开展应该以促进学生的职业能力提升为主

要目标,更新以前惯用的普通英语教学辅导资料。比如,学习物流管理专业的学生只是依靠普通英语教材并不能满足其对专业的需求;市场营销学的学生也不能轻易阅读该专业的相关书籍;机械工程和电子技术专业的学生同样对涉及该专业的国际书籍望尘莫及。这样的结果最终让学生产生了英语无用论的心理。

一、课堂教学的职业化

学生在学校中的学习以他们的课堂学习为关键的部分,所以,对学生来说,能够将他们的课堂学习效率提高是提升他们学习成绩的有效方式,即通过根据学生的基本学习状况为基点来采取分类别的授课方式,将学生的学习主体地位突显出来,辅之以教师们的方法建议,赋予整体的课堂教学环境以生机活力。这就要求教师们有较高的内容掌握能力,能有针对性地培养学生的就业能力,提升他们的整体素质。

(一)利用对话式的教学方式提升学生沟通交流能力

目前的高职高专英语教学书本上所包含的口语学习内容主要分为日常生活交际用语、表达谢意与歉意、沟通喜好与兴趣。虽然其中也涉及一些专业的商业用语,但是这些微小的部分完全不能够适应学生将来工作所需。所以,教师可以通过专门性的教学内容的选择来对学生进行培训,为他们将来的工作岗位提供专业对口的专门性人才。

(二)针对阅读方面的学习内容需要强调学生的实践运用

目前常用的高职高专类书本为《新编实用英语》《新视野英语读写教程》等,这些课本中的内容和将来学生将会在工作岗位上见到的商业合同、专业的文本资料以及说明书等文献资料没有很大的关系,所以,教师需要在这些问题上有所注意,有针对性地解决学生将会在未来工作中遇到的问题。

(三)锻炼听说读写能力,提升整体英语水平

对大多数学生来说,他们并没有很多的机会去接触实际的英语语言环境,

第四章　英语教学模式的改革

所以，他们并没有一个完整的英语语言锻炼平台。我们常说学以致用，所以，在进行听力练习时，教师需要结合具体的实际来给学生进行讲解，使得学生能够完全了解语境，从而更好地掌握所学的英语知识。

在语音教室上课时，教师的教课内容不能仅局限于教科书上，应该充分利用教学资源，进行广泛式的教学，诸如与生活和就业紧密相关的课题，如就医看病、感情关系、社交礼仪、亲身故事、锻炼身体、学习策略、尊老爱幼、人种观点、沟通障碍、环境话题、人口压力等，可采取小组形式模拟现场，即时性交流课题内容，然后进行竞赛、辩论等形式，要做到每位同学都能够得到表现的机会。

二、学习内容的职业化

为英语水平不等的学生进行基础提升，多练习听说读写方面，从基础培训上展现职业能力，为专业英语等方面的学习铺垫好基础，争取做到"三化"：第一，岗位英语画面化。模拟职业现场，设置常见的情景，锻炼学生的英语基础能力。第二，专业英语模块化。根据不同专业领域划分为商务英语、法律英语、建筑英语等，然后依据不同领域的不同要求，开展有计划、有目的、有侧重点的英语学习。第三，人文英语趣味化。积累与梦想、道德、就业相关的名言名句、电影歌曲、书籍艺术品等，让学生不仅能够提高英语水平，也能提升自身的人文修养，让英语学习变得更加有魅力。

三、学习方式交互协作化

在教学中可以充分地把公共英语教学与现代多媒体信息技术整合起来，建立互联网英语学习平台，促进教师与学生之间进行双向互动，了解彼此的动态及相关信息，这样可以大大提高教学质量，使英语学习更加高效化，不再局限于课堂与教科书，而是开放式的、自由式的、便捷式的学习。这种双向互动形式多种多样，有文字性交流、音频式交流、视频式交流等。将教师、学生、教学资源、教学设施四种因素构建成一个整体的网络系统，在这个系统里，彼此之间都可以互相帮助、互相学习、互相协作、互相竞争，每一个个体都扮演着不同的多个角色，共同为提高自身英语水平的目标而努力奋斗。教师借助这个系统，不仅可以轻松地制定相应的学习任务，督促和检测学生的学习情况，减轻自己的工作量，也可以在部分学生迷茫或者思维跑偏的时候给予及时有效地帮助和指导，促进师生关系融洽和谐，亦师亦友。

四、教学方法的创新

国内常用的教学方法有讲授法、谈话法、讨论法、演示法、陶冶法等，要培养高职学生的职业素质就必须采用创新的教学方法。

（一）以职业能力为目标来创新教学手段

在当前高校英语教学中，应以培养学生的听、说、读、写、译能力为基本目标，不断创新英语教学手段，以更好地培养学生的英语职业能力。例如在高校英语教学中，学生的英语基础往往参差不齐，如果采用大班统一授课的方式开展英语教学，往往无法兼顾英语基础较好或较差的学生，导致基础好的学生"吃不饱"，基础差的学生"吃不消"。因此，应根据学生的学习情况开展英语教学改革，以更好地提高英语课程教学质量。

此外，在英语教学过程中，可以采用项目教学法、情境教学法、小组合作法等教学方法，为学生创造更多听、说、读、写等训练机会，以更好地培养学生的职业能力；还应坚持以"理论够用、技能实用"为基本原则，按照岗位要求精选英语知识和理论，强化英语听、说、读、写、译能力的培养力度，在高校英语教学中，可以针对生活话题、问题情境等开展情景教学，让学生就某个热点话题展开广泛讨论，或用英文进行辩论比赛，以更好地锻炼学生的英语表达能力。可以开辟第二英语课堂，通过英语角、报告会、舞台剧、英语口语大赛、英语演讲比赛等开展英语教学活动，通过形式多样的英语实践活动培养学生的英语兴趣，提升学生的英语职业能力。同时应充分利用外贸模拟实训室、翻译实训室等开展实习实训活动，培养学生的英语应用能力，提高学生的就业竞争力；可以加强英语实践教学，通过校内实训、企业实习、社会实践等方式，培养学生的实践能力与职业能力。

（二）以语言传递信息为主的谈话法＋讨论法＋表演法

在涉外职场英语的对话教学中，教师以引导者的身份与学生交流，循序渐进地将教学内容渗透，并且与学生讨论不同情景的不同表达。学生与老师都必须提前做好充分准备，准备与话题相关的词条或表达，或以多媒体的呈现方式展示，然后将不同词条分配给各小组，充分讨论后学生完成本组作品并展示。教师随时记录语言活动中的优缺点，表演完成后与学生共同点评。

（三）以直接感知为主的演示法＋表演法

在能找到相关媒体资源的前提下利用多媒体手段向学生先演示教学内容，让学生直接感知教学内容，如播放听力材料、语音模仿、职场英语对话影像、英语歌曲、教学视频等。演示法可以反复进行，既创造了真实的语言环境又加深了对教学内容的印象。学生通过观看进行实践练习，增强了自信心，有时还可从媒体资源中找到灵感，激发学生的创造力。

（四）以欣赏活动为主的陶冶法

根据教学内容，寻找适当的媒体资源，在教学过程中穿插播放，如英语歌曲、英文电影片段、视频片段、采访录或纪录片等，直观、生动、形象，既活跃了课堂气氛又开阔了视野，对提升学生的全面素养提供不可替代的帮助。

五、实施以职业岗位任务引领的教学方法

高职英语教学要打破传统的教学理念，明确学生是教育主体，是教学中心，要充分调动学生的学习动力。教学要逐渐从"教"法向"学"法转移，工学结合、强调职业岗位导向，融教、学、做为一体，面向社会经济职业岗位需求，以职业岗位任务为引领，做到职业教育特色的教学方法与交际教学等传统的语言教学方法相结合，注重实践训练，综合采用现场工作情境式的案例教学、项目教学、探究教学、讨论式教学等多种教学方法。将听、说、读、写、

译等语言技能和与职业岗位相关的知识、技能、素质的学习与训练紧密结合，理论知识教学讲求够用原则，注重职业岗位能力的训练与培养，面向职业岗位需求全面提高学生的实际语言应用能力。

例如，对电子商务专业的行业英语教学，我们就可以以项目任务形式安排学生分组完成：首先让各小组确定出口商、进口商、生产商、货代、海关、银行等角色；然后选定贸易商品用英语进行电子商务模拟交易；接下来让各小组在课堂上汇报项目任务完成的过程与感受；最后由教师做出总结评述。学生在虚拟现实的模拟中可以掌握电子商务的职业技能。

另外，随着信息技术的迅猛发展，多媒体设备进入教室和宽带接入，一个高速度、大信息、资源高度共享的多媒体网络教学环境已经形成。多媒体网络环境下的语言教学已是改革教学方法、改进教学手段、提高教学质量的首选。多媒体网络环境具有大数据、大信息、图文并茂等特点，能够提供海量语言素材和行业信息，且真实、实时和快速。高职英语教学要充分发挥信息技术优势，优化教学过程，构建数字化教学资源，借助运用多媒体、网络创设仿真职业岗位教学情景，在教学中增加课堂吸引力，激发学生学习兴趣与情绪。课堂氛围轻松愉快，同时课堂容量大，学生不仅能获得丰富的基础英语和行业英语知识，还能提高职业岗位英语语用能力，从而实现课程学习的职业性、实践性和开放性。

第五章　MOOC 资源在英语教学中的应用研究

当今世界，网络信息技术日益发达，对 MOOC（大规模在线开放课程）的研究和实践已席卷全球教育领域。MOOC 网络平台教学模式应运而生，如何制作优质 MOOC、促进 MOOC 资源共享，已成为众多高校关注与研究的热点。大规模、开放式、免费的网络公开课打破了学习者时间和地域的限制，实现了教学模式上突破性的变革。面对 MOOC 所带来的机遇和挑战，我国高校应鼓励教师积极开发精品 MOOC 课程，充分发挥学生学习的主体作用，实现各高校优质大学英语教育资源的共建共享，以切实提高大学英语教学质量。本章重点解析我国英语教学中 MOOC 资源的应用、MOOC 资源对英语教学的促进作用、英语教学中 MOOC 资源的开发与应用策略。

第一节　英语教学中 MOOC 资源的应用

一、MOOC 资源在大学英语教学中的兴起

（一）MOOC 资源在大学英语教学中正在兴起

自 MOOC 风暴席卷全球教育领域以来，传统课堂教学与 MOOC 平台网络教学的有机结合已成为信息时代全新的大学英语教育方式的要求。与 MOOC 资源在其他学科的应用发展相比，大学英语教学与 MOOC 教学模式的融合刚刚起步，关于 MOOC 资源应用于我国大学英语教学中的研究少之又少。

2014 年 6 月 13 日，"MOOC 时代大学英语教学与教师发展学术报告会

暨大学英语部 2014 人才培养工作会"在北京交通大学举办。此次会议主要研讨 MOOC 及翻转课堂在大学英语教学中的应用情况改革和优质教育资源中的应用，深化大学英语在人才培养方面的积极意义。会议邀请北京大学数字化学习研究中心主任、北大教育学院博士生导师汪琼教授及《外语电化教学》编辑部的胡加圣副主任作专题报告。会议介绍了 MOOC 这种融合了多种教育技术的新型教学模式，并且分析了 MOOC 对于大学英语教学模式的冲击与影响。80 多位来自北京多所高校的大学英语部教师参加会议进行学习及研讨，积极探索将 MOOC 的组织形式、技术手段与大学英语教学有机结合的新模式。

2014 年 9 月 26 日，在山东省鲁东大学隆重召开了"MOOC 时代的高等外语教学——教学模式与课程创新学术研讨会"，来自全国各地的近 200 位专家、学者及外语教育技术研究人员参加了研讨会，着重探讨 MOOC、翻转课堂、混合教学及大数据外语学习分析等。通过交流与探讨，与会者在 MOOC 教育资源与大学英语教学的融合研究方面达成了共识。本次研讨会是我国外语界首次以 MOOC 为主题所召开的专题会议，通过对课程新模式的研讨，旨在进一步推进我国高校大学英语教学模式的创新及对复合型专业人才的培养。MOOC 化的大学英语课程理念在我国大学外语界具有重要的意义。

2016 年 1 月 16 日，第三届北京大学教育信息化创新论坛在北京大学成功举办，来自高校的近 200 位教育专家参加了此次论坛会议。其中，"批改网"就如何利用大数据及 MOOC 助力大学英语写作教学进行了探讨。

MOOC 时代，我国大学英语课程建设已经开始积极寻求改革途径，突破传统大学英语教学模式的束缚，依托现代教育的新技术，开始 MOOC 资源的开发应用及其相关问题的研究。

我国大学英语教学应用 MOOC 资源，能够有效促进大学英语教师拓宽知识面、深化专业理论、提高信息技术素养，推动大学英语教师角色多元化、专业化发展。众所周知，MOOC 资源在很大程度上改变了大学英语传统教学模式，有利于提升大学英语教学质量。MOOC 资源多数来自国内外一流学府，学习资源具有丰富和高质量的特点，并且不受时空限制，可以持续性地为学生提供服务与支持。现在部分高校将 MOOC 引进大学英语教学中,教师借鉴 MOOC 的教学理念,构建了 MOOC 在线教学平台,改进传统的在线课程,完善校本精品课程,同时有选择地将 MOOC 优质课程添加到本校资源中,不断丰富着本校的在线课程,为学生提供了更优秀的教学资源和服务。而且,教师在充分了解了 MOOC 资源的优点和弊端之后,可以扬长避短,将 MOOC 应用于教学中,更好地发挥学生的主体作用,有效提升大学英语的教学质量。

(二) MOOC 资源的应用对教师提出的新要求

MOOC 时代,大学英语教学面临前所未有的冲击与挑战,高校英语教师要抓住 MOOC 带来的机遇,加强大学英语 MOOC 资源的开发与应用研究工作,积极寻求教学模式上的探索与突破。借鉴 MOOC 教育理念,大学英语教学除了要传授基本的语言知识和通用技能之外,还要培养学生的学术英语能力和跨文化交际能力。

大学英语教师要敢于尝试新事物,通过学习和模仿示范 MOOC 名师课堂等方式,亲身体验网络课程的优缺点,发挥 MOOC 的优势,提升自身业务水平和教授能力。在体验全新的学习模式之前,更要针对教育对象选择合适的学习材料和学习内容,并为以后的高质量课堂教学奠定基础。

高校英语教师日益关注基于 MOOC 的混合式教学模式的开发,热衷于"微课""翻转课堂"的设计和制作。一方面,要求教师熟悉掌握微视频的制作方法;另一方面,高等教育主管部门和高校要积极组织开展微视频经验技术专题研讨会,讨论在微视频的创作过程中,教师能否将每一个知识点都生动形象地讲授出来,能否对重点、难点有非常清晰的认识,并将课程内容按其内在关系进行完美分割,又能经得住视野被拓宽的学生提问的冲击?这些问题的确给授课教师带来了极大的挑战,也提出了更高的要求。

大学英语应用 MOOC 教学后,学生从全国大学英语课程网络平台上选修课程,在本校接受英语教师的课程答疑,各高校教师也需要根据自己的特长开设答疑课,帮助学生完成英语课程的学习。大学英语教师要积极尝试在学生课后的自主学习中担任指导者的角色,为学生提供及时的网上学习帮助和建议，使学生把握好 MOOC 平台英语自主学习的正确方向，达到学习效果的优化。大学英语教师要注重整合最新的英语教学材料，制订完善的教学计划，并结合不同专业组成 MOOC 调研小组，注意 MOOC 内容的容量适度和互动性，针对不同情况的学生的英语学情进行分类指导。

（三）大学英语 MOOC 教学的便捷性

这里所说的便捷性，主要是指大学英语 MOOC 资源的来源、获得途径与手段的便捷性。具体而言，就是国内大学英语教学可以直接引进并选择应用以英语为母语的欧美国家一流大学的优质 MOOC 资源，而这些课程更具有语言文字的地道性、学习内容的丰富性、选择学习的自由性、免费使用的开放性等特点。

二、我国大学英语教学中 MOOC 资源的应用现状

（一）高水平大学在英语教学中已开发应用 MOOC 资源

2013 年 10 月，清华大学 MOOC 平台"学堂在线"正式上线。2014 年春，清华大学教育扶贫办公室联合外文系启动了"生活英语听说"MOOC 的录制工作，该门课程于 2014 年 9 月正式在"学堂在线"上线。

国防科技大学的《大学英语（口语）》MOOC 课程作为第一批"985 工程"高校十门课程之一，于 2014 年 6 月在"爱课程"网中国大学 MOOC 平台正式开课，上线后深受广大高校师生和社会学习者的喜爱。目前，该课程已经 7 次上线。前两次上线选修人数均超过 100 000 人次，连续两期位居上线课程的榜首。该课程趣味性强，授课形式生动，主讲教师口语地道，教学方法深入浅出，为学生提供了强大的学习兴趣和动力。之后，学校开设了《大学英文写作》课程，该课程从跨文化交际的角度比较中英文不同的写作规范，讲解大学英文写作的知识和技巧，侧重范文分析和学生习作点评，因此有利于英文写作能力比较差的学生及备考雅思和托福准备出国深造的学生。

北京科技大学于 2015 年 8 月在中国 MOOC 平台开设了《大学英语自学

课程（上）》，该课程共包括 6 个主题单元，每个单元围绕一个主题展开，包括两篇课文。授课视频化整为零，让英语学习系统、灵活、高效。在每篇课文的视频课程里，有课文逐句讲解、单词拓展延伸、难句分析总结、文化对比欣赏，更有精彩生动的课文导入和课文点睛，有利于广大英语学习者通过自学提升综合应用英语的能力。综合而言，该课程是一门非常受广大学习者欢迎的英语自学课。

哈尔滨工程大学创建了多功能模块化立体式自主学习资源平台，通过三种外语学习的教学软件为大学外语课程进行教学服务支持，这三种教学软件为"雅信达外语学科数字化语言自主学习平台""ITEST 大学英语测试与训练系统""外研社大学英语教学管理平台"。这些平台具备多种功能，充分地支持学生进行英语语言技能的自主训练，有力地提高了大学生英语的听说水平。其中，"雅信达外语学科数字化语言自主学习平台"整合了大量丰富的大学外语网络教学资源，学习资源类型广泛，不仅有课程教材的巩固学习，还有课外拓展等不同难度与层次的学习资源，以满足不同水平的外语学习者的需求。"外研社大学英语教学管理平台"是一个紧扣教材内容，学习资源丰富齐全的学习平台，该平台将学习任务分割成不同模块，如背景知识、单词短语、课程内容、单元测试、课后练习等，为学生的自主学习提供最佳的支持与服务。其语言学习的重要评价方式是测试。"ITEST 大学英语测试与训练系统"涵盖了丰富的高质量的英语试题库，难度平衡，可以支持学生进行听、说、读、写等能力训练，同时也提供组卷、阅卷和成绩分析等教学管理方面的功能。

尽管我国高校英语 MOOC 资源的开发与应用还处于初级阶段，但事实证明，尽管存在诸多的阻碍与困难，网络课程资源为英语学习者还是提供了更多的便利与选择，感兴趣的学习者可以跨越时空学习到国内外名牌大学的英语课程，这大大提高了学生学习的积极性和主动性，提高了学生自身的英语文化素养；同时，学生还可以通过努力获得所修课程的证书，这对学生未来的发展有着积极的意义。

（二）在线学习完成率有待提升

低完成率是 MOOC 面临的最棘手的问题，是 MOOC 可持续发展的最大障碍。与传统课程相比，网上课程完成率过低的问题一直为人关注。尽管 MOOC 注册的学生规模庞大，目前国外媒体广泛引用的一个数据是，大多数的学生没有完成 MOOC 课程，还有一部分的注册者根本没有参与过网上学习。MOOC 学习者的信息素养、自我管理意识、自主学习能力等学习素养较为缺乏及前期知识的匮乏是引发学习者中断网上学习的主要原因。

造成英语 MOOC 学习低完成率的原因主要有以下三个：首先，大部分的在校大学生对英语练习不具有自发性和自觉性的倾向，英语知识的习得恰恰需要勤动口、勤动笔。基于 MOOC 大多是自我导向的学习，所以能顺利完成英语 MOOC 学习的人较少。其次，英语词汇积累量的不足是很多大学生的短板。英语词汇量的积累是支撑中国大学生接受国际化教育的中坚力量，尤其是专业英语和学术英语方面的词汇量，毕竟直接从国外引进的全英文版课程含金量较高。我国学者的研究结果表明，从一定程度上说，中国学习者的口语输出词汇量有限，掌握的词汇量比较少，使用面比较宽，过度使用了他们所掌握的常用词。英语词汇量的缺乏，导致大学生不能顺利完成 MOOC 课堂中本族语教师用英语授课的各种课程的指导。然后，中国学生长期习惯聆听语速平稳、发音标准的中国式英语语音，很难适应且听懂带有地方口音的英语本族语教师的授课。最后，前期铺垫的基础知识匮乏也会导致大学生放弃英语 MOOC 学习。

（三）大学英语 MOOC 资源的分配不均衡

投入高、风险大、收益低导致高校开发共建 MOOC 的意愿较低。开发优质 MOOC 资源需要大量资金扶持，一旦遭遇失败，损失难以挽回；即使成功，面对信息开放、免费使用的诉求，投资回收期将被拉长，收益就会降低，最终难以形成规模效益。这些不利因素使开发方对 MOOC 资源的开发与共建的前景预期产生消极心理，并对资源推广、应用等相关行动产生怀疑。所以，优质英语MOOC资源大都散布于各地，人为分割严重，并形成资源"孤岛"，不能有机地结合。

三、我国大学英语MOOC教学发展现状

目前，相比专业课程教学，我国大学公共英语应用MOOC教学偏少，英语MOOC教学推进不畅，只有少数高校重视并鼓励应用MOOC资源。之所以如此，不得不说大学公共英语教学的统一性和局限性限制了MOOC资源的推广应用。

公共英语教学的局限性主要表现在以下几个方面：

（1）教学要求的统一性。目前我国大学英语主要依据教育部《大学英语教学指南(2017)》进行课程教学。有的地方或高校教学管理部门固守陈旧观念，习惯老套管理，不重视、不鼓励、不推进MOOC教学。

（2）大学英语教材选择的统一性。事实证明，如果教材或学习内容选择不当，就会给教学带来困难。大学英语教学一般选用上级主管部门或有关学会指定的几种所谓高水平统编教材，千校一面，缺少特色；还有一些学校没有引进优质开放共享课程。

（3）教学的统一性。合班上课、固定学时、固定时间、固定地点、固定教师等。

（4）考核的统一性。大学综合英语和高等数学等基础课程长期以来是教务部门重点管控的课程，考试统一时间，统一试卷，集中流水阅卷。

（5）英语教师的信息化水平的局限。相比理工科，作为人文社会学科的大学英语教师信息技术水平整体偏低。

（6）大学英语学习的功利化。更多大学生英语学习的目的是拿学分、过四六级、考研、就业，与国家倡导的大学英语教学的主旨不符，学生无心眷恋更优质的MOOC，只是为考试而考试。

（7）软硬件环境的局限。大多数高校没有加入已开放的MOOC开发平台。

上述"统一性""局限性"等问题严重限制了大学英语教学中MOOC资

源的推广应用，致使我国大学英语 MOOC 教学推进不畅。

第二节　MOOC 资源对英语教学的促进作用

一、改变传统的大学英语教学理念

我国高校大学英语主要教学模式为教师利用多媒体课件集中讲授。随着各高校连年扩招，传统的小班教学已很少见，在规模达到 60 人以上的多媒体教学大班教学模式下，教师只能照顾到大多数学生，对处于两极的学生无法做到因材施教，而且学生之间、师生之间的写作与交流不够充分。传统的以教师和教材为主导的教学模式已经不能适应新时代教育的发展的需求。

2012 年，MOOC 在我国兴起，作为一种新型的教育信息化的教学手段，MOOC 从某种程度上冲击了大学英语教学理念上墨守成规的现状，影响了大学英语的教学理念、教学模式和课程设置。故在当今网络教育资源十分丰富的情况下，国内部分高校紧跟时代步伐，旨在摆脱传统教育理念的束缚，培养学生的语言综合应用能力，以实现我国大学英语教学的终极目标，即培养学生自主掌握语言学习规律的能力，培养学生的语言学习兴趣，从而积极开展对开放资源教育的深入研究，并结合我国大学英语教学开发出了很多优秀英语 MOOC 课程。

关于 MOOC 的探索和研究，应该把它的意义拓展延伸到从以学习知识为主的传统课堂教学模式到利用丰富的网络资源，结合线上与线下的学习，自主探索、发现及解决问题、习得知识的教学模式。而大学的意义就在于创造一个基于现实又超于现实的学习环境，利用网络资源的便捷性、灵活性，充分调动教师与学生的积极性，使得教师的"教"与学生的"学"可以真正达到融合与互动，在实践中解决学习中出现的问题，从而实现教育的真谛。

大学英语教育不仅是教会学生听、说、读、写等各项语言技能，也不仅仅是传递西方的社会文化，更应肩负"教书育人"这一教育责任，帮助学生健康成长。大学英语教学理念的转变具体体现在以下五个方面：①转变传统的被动学习为主动学习；②借助MOOC资源培养及增强学生的自主学习能力；③培养学生之间、学生与教师之间的合作学习关系；④大学英语教学应该具有前瞻性，不仅是教会学生掌握一门语言，而是教会学生通过一门语言的学习提高自己未来的竞争力；⑤通过课程的精心设置，让学生了解自己致力于社会的价值和意义，让其具备健康成长的心理能力。

二、改进大学英语教学模式

大学英语教学的改革目标不仅仅是参与MOOC，而是要借助MOOC改进大学英语教学模式，提高大学英语教学质量。从模式视角看，MOOC表征着精心设计出来的新颖流程。它接纳了人本思路、选用建构流程、接纳程序模式。对比传统授课，MOOC变更了传统的单一模式，创设交互思路。在设计课堂时、后续评价时，都凸显了改变。

MOOC本身并非万能，未来高等教育的发展趋势应是MOOC与课堂研讨相结合的一种混合教学模式。这种混合式教学模式现已渗透到大学英语教学之中，在混合式教学活动中，教师不再主宰所有的学习活动，而是引导学生有序地开展自主学习、小组讨论和相互评价，进而提升学生的自主学习能力、思辨能力和创新能力。

MOOC教学模式中，教师对相关知识进行分析与讲解，指导学生的自我发现与探索学习，以实现学生的自主学习。在大学英语教学中，MOOC作为一种新型的网络教学模式，巧妙设计课堂内容，并以视频片段的方式呈现给学生，其中穿插阶段性的小测试，这要求学生的课堂注意力高度集中。以大学英语新视野精读课为例，教师提炼课文主题思想与知识重难点，将其制作成视频片段；同时，教师会围绕课文主题，设置并提出问题，以此调动学生的学习兴趣和积极性。在整个学习过程中，教师鼓励学生通过小组合作来解决学习中遇到的疑难问题，而教师则负责回答学生所关心的或者共性的问题。

教师还可以通过网络超级链接的方式，把与课文相关的背景知识展示给学生，并且通过设置对比式或连问式的提问，引发学生的思考，启发学生的思维，通过这种方式引导学生走进教学情境。依托网络教学资源，通过观看视频和师生问答，把教学重难点充分地展示给学生，从而提高学生的听说能力；通过师生之间、教师与网络资源间、学生与网络资源之间的互动，激发学生探索知识的兴趣；通过多媒体网络系统，开展合作学习，如鼓励学生开展自由讨论、小组合作、角色扮演等，培养开放自由的合作学习氛围，可以提高学生自主学习的能力和熟练运用语言的能力。

（一）拓展教育的对象

MOOC 的基本思想是现代教育的"开放性"，MOOC 这一新型教育手段极大地拓展了受教育对象的数量，这是传统课程无法比拟的一种优越性。

教育界同人意识到学校教育只是社会教育的一部分，如果想实现终身教育这一"大教育观"，必须要拓展教育的广度和深度，力求越来越多的教育对象有机会享有优质的教育资源。MOOC 从本质上来说就是一种网络教育，其教育对象可以拓展到课堂之外的任何群体，从而不再局限于时空和地域。只要学习者具备网上学习的条件，足不出户，就可以享受顶尖高等学府推出的优质课程。教育对象由传统课堂中的学生，拓展为全国乃至全世界任何有想提高自己、充实自己的需要的人群。MOOC 作为一种开放资源，让"大教育观"在某种程度上变为现实，从而提升了教育的普及化和公平性。

大学英语类 MOOC 的开发，满足了很多对英语感兴趣、想在某种能力方面提高自己或者渴望接受更加优质专业的英语课程的学习者。中国大学 MOOC 平台拥有 50 多万用户群体，集中分为三类：在校学生、都市白领阶层及具有终身学习意愿的人。其中，也不乏部分中小学生的积极参与。在中国大学 MOOC 平台中极具好评的《大学英语（口语）》MOOC 课程的教育对象也出现"全龄化"趋势，只要有提高英语学习水平意愿的学习者都可以加入其中，有不少学习者学习的目的并不是拿到证书，而纯粹是为了提高自身英语水平和兴趣。

（二）丰富教学的内容

MOOC 内容都是来自世界顶尖高校的优秀教师团队所开发的优质课程，其教学的内容与传统的课堂教学相比更丰富。MOOC 打破了时空和地理的界限，可以随时随地利用网络资源，实现跨越时间和地域空间界限进行学习，实现了大范围内学习信息的共享。不同高校里，教师对同一门课程的理解不尽相同，在不背离教学大纲的前提下，教学内容的安排、教学方法的设计也各有侧重。以往学校如果想推出一门新的课程，通常前期会在人力、物力、资源方面做出很多的投入。同一门课程可以在很多院校之间分享，这样，同一门课程的教学内容总量就会成倍增加。

MOOC 课程具有与时俱进的特点，其更新速度紧跟时代步伐，这样 MOOC 在网络平台更新的速度也随之加快。与传统大学英语课堂教学的教学内容死板、教学方法落后相比，MOOC 课程有更大的优越性。MOOC 课程的学时分配大大少于传统课程的学时。MOOC 的课程内容大都是以模块为主，每个单元的重点和难点就是知识串联起来的重要依据。在相对短暂的教学时间里，教师的主要任务是展示教学的重难点与精华内容，以吸引学生听课的注意力，激发学生的学习兴趣，保障学生能够以饱满的热情和动力完成相关课程的学习，因此保证了教学的质量。

MOOC 是一种生成式课程，课程所包含的知识随着课程的进展而不断增加。在整个学习的过程中，教师与学生分享优秀的学习资源，因此，与传统课堂中教师的一人讲授相比，教学内容更加丰富。

（三）扩充教学的手段

传统大学英语教学注重教师在课堂上的主导地位，所有教学问题基本都是通过课堂师生之间面对面的交流而解决的。而 MOOC 所具有的网络教学的开放性、交互性和自主性等特点，注定要打破传统大学英语的教学理念和手段，也决定了教学方法发生变化，其主要表现在以下三个方面：

首先，新的教学方法旨在提高学生自主学习的能力，而不是单纯强调教师的主导地位。在学习过程中，学生接受教师的指导，但并不完全依赖于教师讲授，而是自主地探索发现并习得知识。学生学习 MOOC 课程时面对的是视频，并不能完全受控于课堂管理。因此，如何让学生愿意参与到这一学习过程中来，是教师在教学设计中应该考虑到的首要问题。在 MOOC 的应用过程中，教师从准备 MOOC 视频，到后期讨论与资源的设计与分享上，都要进行精心的雕琢与设计。以中国大学 MOOC 平台的《大学英语（口语）》MOOC 课程为例，其设计很注重教学细节，针对因为各种原因而没能注册或者跟不上进度的学生，《大学英语（口语）》MOOC 课程又进行了第二期。这样可使学生尽可能深入地理解同一教学内容，每次学习都可以发现同一问题的不同方面。使自己在对知识的认识与理解上掌握更全面。

其次，借助网络资源的便捷优势，继续探索新的教学方法。充分利用现代教育技术手段及丰富的网络教学资源，是开展大学英语大学改革的重要途径。通过师生与生生之间的交流互动及讨论，可以有效地解决传统大学英语教学方法单一枯燥的问题。借鉴 MOOC 教学的知识单元化、主体化等特点，改革传统的教学方法，积极推进普及大学英语的混合式教学是当前教学改革的重中之重。

最后，MOOC 突破了传统课堂教学的限制，教师可以把教学环境拓展到其他符合课程内容与氛围的环境中去，学生也可以依据自己的喜好选择自己喜欢的平台或者教师进行交流和学习。

（四）转变教学的环境

至今为止，对于教学环境内涵的界定依然存在分歧，研究者们尚未形成较为一致的意见。例如，有学者认为教学环境是由课堂空间、课堂师生人际关系、课堂生活质量和课堂气氛构成的课堂生活情境；也有学者认为教学环境是由学校建筑、课堂、图书馆、实验室、操场及家庭中的学习区域所组成的学习场所。

MOOC 课程的教学环境也有广义和狭义之分。最直接影响 MOOC 教学效果的因素就是科学技术的发展水平，科技水平越高，提供给师生的便捷就越多，也因此让虚拟的网络更具操作性，更接近真实的生活。MOOC教学平台打破了时空和地域的限制，极大地发挥了多媒体网络交互方面的优势，使得知识的传授不再拘泥于传统的课堂形式。教师在网络环境下，学会思考如何更有效地传授英语知识、培养语言技能，同时方便学生根据自己的需求选择适合自己的学习内容。教学环境由传统的依靠黑板、幻灯片的教学手段改变为基于网络平台大数据学习的在线教学环境。这种新型学习手段将网络平台的功能与课程的设计和课件的开发制作密切结合，为师生提供交互性很强的学习体验。在线教学环境的发展，为教师自主开发建设在线课程提供了丰富的资源，也适应了不同教学目的的管理需求。MOOC不但支持教师的个性化课程建设，同时也支持学生根据自身的特点和兴趣进行自主选择性学习，使社区学习得以实现。通过利用人工智能、学习分析、移动终端等实现强交互及重体验的学习环境，MOOC决定了学习者通过网络不受时间地点和环境的制约进行课程学习，这种学习要求学生具有较强的自律性，自觉抵制周围环境的干扰和诱惑，以保证更好地完成学习任务。

（五）转换教师的角色

教师角色是指处在教育系统中的教师所表现出来的由其特殊地位决定的符合社会对教师期望的行为模式。外语教师新角色可归结为建构主义、双主模式、社会学习理论及一系列语言学理论。网络教育中，MOOC平台是一个虚拟的教学环境，教师与学生在各自的空间通过网络技术进行教学活动。较之传统课堂，师生的关系趋于平等化、民主化。随着MOOC的进一步发展，大学英语的教学也将不断改革创新，这对大学英语教师的角色转变提出了新的挑战和要求。

在网络教育中，教师角色发生变化。第一，学生转为教学活动中学习的主体，而教师则是整个教学活动的策划者和指导者。教师肩负着课程设计、课堂管理、活动策划、问题答疑、学习评价、教学效果分析等多种职责，而学生则须在教师的指导下独立自主地完成教师所布置的学习任务。MOOC课程的学习，教师不再是课堂的主宰，课堂也不再是教师的一言堂，学生的主体地位在翻转课堂中得到充分体现,而教师的主导地位并没减弱,反而加强了。第二,教师由知识的传授者转变为网络课程的开发者和优质教育资源的提供者。课前教师需要搜集整理并制作与教学内容相关的教学视频、教学课件,旨在让学生对即将学习的知识有所了解。在学习的过程中,教师会予以支持指导。

三、提供优良的学习资源

在以往的学习经历中,学习资源通常是以教科书及各种形式的学习资料的方式呈现给学习者的。MOOC学习过程中,学习资源的种类和形式要丰富许多。MOOC平台课程提供的学习资源就相当于学生上课用的教科书或者课后的学习资料,而且为了帮助学习者更好地掌握课程的内容和特点,较好地完成课程的学习,除文字教材之外,还有录音教材、视频教材及网上其他丰富的学习资源。这样不仅扩充了微视频的数量,充分利用MOOC等网络资源作为教学素材,更能让学生在学习过程中感受英美文化、待人接物方式、语言表达习惯,这对学生的口语表达、听力理解、把握英语发音的语音语调等有着非常大的帮助。在MOOC快速发展的形势下,越来越多的MOOC平台被创建,越来越多的大学课程被开发并开放出来,这对学习者来说当然是好事。MOOC的发展对大学英语教学所带来的一个重要影响就是拓宽了学生学习英语的资源与渠道。但是,面对网络上形式多样的学习资源,教师应该指导学生学会甄别,选出适合自己学习需求的课程学习资源,而不是鱼目混珠、盲目地选择和学习。

四、学习者学习兴趣和自主学习能力的提高

大学英语教学与应试教育紧密联系,很难摆脱其束缚。学生为了考研或者毕业求职,花费大量的时间攻克全国大学英语四、六级考试,被动应试,从而缺少英语学习方面的兴趣。但基于MOOC教育平台的大学英语教学,实现了学生自主学习能力的提升和学生学习积极性的开发与培养,MOOC课程

能够非常积极地引导师生间去互动，主要是因为它本身具有学习时间短、每周学时少的特点。这样教师会避免传统课堂冗长乏闷及学生注意力不集中的问题，教师在新学期前会把作业提前发到个人邮箱，以提醒学生需要在开学前做出怎样的准备工作，同时MOOC还设有学生讨论区，鼓励学生对教师布置的作业题目一同参与讨论，大大提高了学生的主人翁意识，使其积极参与到学习过程中。因此，MOOC使学生从单调乏味的传统课堂中解放出来，提高了学生学习兴趣，从"要我学"转变成"我要学"，增强了学习主动性，提升了学习内驱力。

基于MOOC资源的个性化学习使学生的角色也发生了变化，在传统课堂中，学生是知识的接受者；而在MOOC模式下，学生是知识的生产者。学生根据教师的指导和要求，自主安排学习的内容、速度、时间和空间。MOOC给学习者提供很多课外语言学习的机会，开阔了学习者的视野并拓宽了知识面，刺激了学生的兴趣增长点。在MOOC学习过程中，学习效果良好的学生可以转变身份为教师，辅导其他同学共同进步。

学生自主学习能力的提高体现在以下四方面：

（1）学生的自主学习方式的选择。根据个人喜好，学生自行选择喜欢的课程及学习方式。以金融或会计专业的学生为例，学生在MOOC平台可以选择与专业相关的英语课程，如金融英语课或者公司金融课等，且选择英文版本。如果学生坚持学完所选课程，即可获得结业证书，还可收获更多专业知识，同时提高英语听说能力。

（2）学生的个性化学习方式的选择。学生自身的英语能力和基础会影响到其课程进度的安排，在网络学习中，对于相对熟悉的内容可以选择快进或略过；对于相对生僻的内容，可以选择重复播放。与此同时，学生可以自主安排学习的时间、地点和设备，以提高学习效率。

（3）学生自我检验学习方式的选择。学习过程中，教师给学生安排诸多的测验，并且实时公布测验的结果与答案。学生根据每次测验的成绩，可以了解到自己近期的学习情况；学生还可以根据自己的需要重复测验，以强化对知识的理解，提高自主学习能力。

（4）学生的合作学习方式的选择。很多学生喜欢MOOC的重要原因之一是网上社区，学生可在社区这样轻松的氛围里交流学习并获得知识信息，学生还可以在社区里分享自己的创意和作品，相互学习借鉴，激励自主学习，达到共同进步。中国大学MOOC平台是由教育部联合高教出版社和网易共同创办的，具有权威性。国防科技大学开设的《大学英语（口语）》MOOC课程，毫不逊色于外国语大学口语课程的专业性，课程总计15周，课程视频拍摄精美，课程大纲设计合理，授课教师充满激情，整个课程极具活力和诚意。视频中还定期穿插"七嘴八舌"的环节，由几位学生进行地道的英文对话。总之，整个课程的轻松气氛紧紧吸引了学生的学习注意力。《大学英语（口语）》MOOC课程中有的帖子浏览量达到17 000余次，不包括评论回复的跟帖数也达到了1700个之多。讨论区让用户有了和大家同时学习的感觉，增强了学习动力。

五、学习语言应用能力的提高

以国防科技大学开设的《大学英语（口语）》MOOC课程为例。该课程以口语技能为主线，从纵深两个维度上提高学生的英语口语应用能力和水平。视频课程内容丰富，广泛涵盖日常生活及出国留学培训所涉及的主要话题。课程以雅思考试的口语能力要求为标准，学生可以有条理地组织语言，有能力参与生活话题的讨论与思辨，并且在此基础上发表自己的观点，逐步渐进性地提高学生的口语输出能力，培养学生自觉使用交际策略的能力，同时能为打算留学深造的学生提前做好应试准备。

MOOC教学模式可以大大提高学习者的语言实践应用能力。MOOC平台提供大量的英文版本的专业课程，学生通过网络学习、教师的线上辅导、学生的合作交流，可以自主选择和自己专业相关的课程来学习。不管是学习大学英语课程，还是学习本专业课程，都是通过英文交流来实现的，这样潜移默化地在实践中就加大了英语听说练习的比例。MOOC将学生语言应用能力的培养渗透到教学这一过程之中，学生不仅可以学习到英语知识文化，还可以锻炼和提高语言的表达、交际、合作、抗压等各方面的能力。

六、教师教学能力的提高

全国大学英语教师平均年龄为 31～39 岁，这样年轻化的年龄结构更容易接受新的事物。参与 MOOC 教学的教师不但对自身教学能力做出反思，在专业的信息技术人员的指导下，大学教师教学能力也有了显著的提高。

MOOC 教育理念要求教师具备较高的教学水平和教学能力。面对 MOOC 所带来的冲击，各大高校以教师发展中心为依托，完善大学英语教学的内部促进机制，为提升大学英语教师的教学水平与能力提供了支持。

MOOC 不仅带来了大学英语教学理念、教学内容、教学方法等方面的诸多改变，同时也挑战大学英语教师原有的知识结构和教育观念。一方面，大学英语教师通过学习 MOOC 课程，提高了自身的 ESP、EAP 水平，进而有能力开设高质量的校本大学英语 MOOC 课程，更好地满足广大学习者的学习需求；另一方面，教师通过学习有关英语教学法的 MOOC 课程，提升了信息技术环境下的多媒体教学能力和水平。

七、有利于创新课程建设

近年来，教育界对大学英语的课程定位和设置展开了大量的探讨和思考，相关的调查分析也证实了当前大学英语教学仍然以传统的通用英语为主，大学英语课程教学模式落后，手段单一。大学英语课程类型急需丰富，教学质量有待提高，这样才能更好地满足学生的学习需求，提高学习者的学习兴趣，这种需求也体现了 MOOC 给传统课堂带来的冲击。

教育信息化与全球化时代的到来，"开放共享"的教育理念成为未来教育领域发展的主要趋势，也使大学英语在课程设置方面得到了进一步的优化，在课程内容与课程结构上也有了新的设置。为了培养学生的专业素质和语言能力，课程基于语言的专业性、工具性与人文性三方面进行建设。

新的大学英语课程不仅加强了语言知识、语言技能的学习，而且注重跨文化交际等能力的培养，同时还要加强学生在专项语言技能及人文精神方面的培养。当前，大学英语课程的设置主要以通过全国大学英语四六级考试为目标，新的课程建设要做好本科生在通过大学英语四六级后与语言文化类课程、人文素质类课程的过渡与衔接，增强学生对背景知识的理解与文化传承创新的综合能力，最终实现通识为本、全人观的教育理念。在大学英语课程的设置与开设方面，旨在培养学生的综合人文素质和文化修养。学校也可创新课程设置，如通过增加海外的"文化之旅""游学活动""海外校园体验之旅"等类似活动，培养学生的跨文化交际意识与国际理解能力。

基于 MOOC 的大学英语课程建设，能更好地满足学生的学习需求，更好地满足国际化视角下的大学英语课程建设需要，更好地契合当前社会对广大毕业生的要求，也更好地提升广大教师的专业能力和素养。

八、有利于推进优质教育资源的开发和共享

MOOC 是基于在线网络平台针对大规模不确定受众的学习平台，具有课程受众面广、参与自主性强、课程资源丰富、课程知识碎片化、课程服务个性化等特点。MOOC 平台展示了丰富的国内外优质教育资源，打破了传统高教中优质教育资源的垄断地位，激发了高校间的良性的教育竞争压力，进而提升了高等教育的水平和质量。教育的发展趋势是以互联网为主要载体的学习环境，而传统的教室将变成学生自主学习或者协作学习的场所，学生可以自主选择学习内容，自主安排考试测验，自由复习课程知识点，传统的大班授课逐渐被替代为小组学习与讨论。优质教育资源的共享为学生提供了英语学习环境与平台，在这个环境中，学习内容与活动丰富且学习资源质量不断地提升和扩展。信息技术的发展与普及给大学英语教学注入了新鲜血液。MOOC 教学模式发挥了高校的资源辐射作用，目前，各大 MOOC 平台上提供的部分学历教育课程已经形成了一个小的市场，大学和教师是企业，课程是产品，学习者是顾客，学习者获得了选择课程的权利，大学和教师面临被

学习者选择的压力。

随着课程市场的形成、市场竞争的加剧，教育资源将被优化重组，教育质量将会获得极大提升。国内一流高校秉承着"开放、吸收、共建、共享"的指导理念，自觉主动地开放优质教育资源，提高优质资源的利用率，从而发挥了本校优质资源的价值与优势，旨在让优质的教育资源能够普惠更多的人。

另外，高校间合作方式的创新也可以推进地方高校参与优质教育资源的共享和建设。高校之间的合作与共赢，可以全面实现并提高优质教育资源的共建共享。与此同时，地方高校需结合本校特色，通过大学联盟的方式构建新型的高校合作关系，力争全面实现高校资源的共享和互补。只有明确联盟高校利益分配机制，才能实现高校个体利益与联盟集体利益的最大化，并在此基础上实现资源同享，推动联盟持续深入发展。除了共享实验仪器、图书文献等硬件资源，以及优秀师资、办学经验等软件资源外，还包括共同参与优势专业学科建设、共同开展高水平项目研究等机会资源，体现联盟内高校共同发展的宗旨。

第三节　英语教学中 MOOC 资源的开发与应用策略

一、转变教师教育理念

网络时代的教育理念要理论结合实际，以学生为中心，而非以教师为中心。MOOC 发展环境下，传统的指令性教学模式转变成了辅助性学习服务，教师的"主导"重心角色发生了转换。教师需具备多样性、多学科的知识领域来充实自我，实现角色的转型，才能够在新兴媒体众多的形势下开展有效的教学与指导工作。

大学英语教师应具有驾驭"技术"和"教学设计与实施"的重要能力。借助MOOC，学生随时可以接受最前沿的最大化的信息，教师要做的就是"授之以渔"，提供各种英语学习资源，并鼓励学生积极利用这些学习资源；组织各种生动活泼的课堂活动，发挥学生的主观能动性；帮助学生规划英语学习，更好地实施切实可行的学习方案和目标等。总体来说，教师应具备以下六方面的能力：①较强的教学技术和方法实施能力（信息技术与教学设计深度融合）；②对教学内容解读和资源建设的能力（简短且效果良好地进行教学视频的制作、高效讨论话题的提出及高效的作业布置，资源的识别、处理、存储及利用）；③对教学的组织掌控能力（例如，教学设计的新颖设计、话题讨论的组织和管理、教学实施的恰当调整等）；④教学异步管理的能力（包括导学、助学及监控）；⑤监测研究的能力（监测学习者的学习动态、评价完善学习结果、追踪学习进度等）；⑥教学环境营造的能力（师生交互环境的设计、学生兴趣的激发和维护，以及较强的在线沟通能力）。教师只有具备以上六种能力，才可能开发出优质的MOOC课程。大学英语教师应积极参加相关MOOC教学方面的培训，培养及提高MOOC开发能力，提高MOOC开发的兴趣和愿望。也唯有增加大学英语教师学习培训的机会，提高完善自身的MOOC开发建设水平，鼓励其制作MOOC，并适合移动端访问，才是英语MOOC发展的重要方向。建议普通高校将MOOC发展纳入学校的发展规划中，并安排专项资金予以支持。学校在长期现代化教学建设中，应集聚一批专业技术人员和较好的技术设备，利用这些基本条件，加强与社会组织和企业的紧密合作，切实做好英语MOOC建设所需要的师资和技术人员的培训工作，为英语MOOC建设的深入推进奠定坚实的人才和技术基础。

二、增强课程黏着力

MOOC不是全能的，应尝试在课程设计中应用教学新样式，受限于教师的观念、教学习惯、信息素养和对在线学习质量的顾虑等因素，O2O混合模式仍然是我国大学主要的努力方向。

第五章　MOOC 资源在英语教学中的应用研究

MOOC 的学习由于没有人为监控和驱动，学习依赖于学习者的自我调控，因此学习者自发地交流、协作、建立连接、构建学习网络。学习者进行基于多种社交媒体（如讨论组、微博、社会化标签、社交网络等）的互动式学习，通过资源共享与多角度交互拓展知识的范围，通过交流、协作构建学习网络，通过社区内不同认知的交互构建新的知识。

因此，如果 MOOC 学习者的动机问题得不到目前课程模式的解决，学习的"黏性"就难以维持，完成率提升就变得十分困难。MOOC 时代，传统的教学模式已很难应对这些变化。要满足社会和学生的新要求，要进一步推动大学英语教学的发展，教学模式的改革显然是势在必行。应形成"MOOC 模式＋课堂研讨"的混合式教学模式，混合式教学模式可以兼顾知识的普及和创新，全面实现大学的教育职能。

对我国的大学而言，受众最广的外语类课程是《大学英语》，它在绝大多数大学里被定为低年级学生的必修课，微课程作为一种先进的教学技术手段，具有一些常规课程所不具有的特点。它是一种多元的信息输出手段——"音画结合"。教师话语伴随着 PPT 的文字与图画同时呈现，后者对学生理解教师话语起到了极大的辅助作用。所以，这种辅助作用应该得到充分的利用。

大学英语课程基于 MOOC 也可探索翻转课堂模式。国内对翻转课堂的研究和实践刚刚起步，仍处于引进、介绍的阶段。学生学习的关键因素就是提问。"翻转课堂"与传统课堂相比，优势在于它将学生置于一个以问题为主要线索的教学活动环境。少数学生在课前的自学活动中会产生的问题，因为没有得到及时的回答，到了课堂上可能会忘记当时的问题，如果能够得到及时的回答就更好。因此，要建立一个能及时记录学生学习过程中的疑问的机制。例如，将问题记录在网络学习平台上，或在学习平台中镶嵌即时在线辅导工具，在规定时间内可以相互交流，或者邀请专家答疑。如此，学生的问题可得到即时回答，课堂上再进行深度探讨，加深其认知过程和知识内化，达到更好的学习效果。

三、鼓励学习者积极参与

加大对 MOOC 的宣传力度。鉴于很多学习者对 MOOC 还不了解，学习者参与是对 MOOC 学习的全面体验，对有用性感知和易用性感知有较大影响。只有通过对 MOOC 学习的切身体验，学习者才会真正了解其有用性和易用性。教师可以鼓励学生学习相关的 MOOC，或积极考虑将 MOOC 引入课堂，如进行翻转课堂的尝试等。学校可以通过举办讲座等方式介绍 MOOC，使更多学习者深入了解 MOOC 平台及课程，提升学习者对英语 MOOC 的接受水平；还可增加论坛数量，通过建立 QQ 群、微信群等方式，加大 MOOC 教育模式的宣传力度。这些社会性软件容易登录、受众面广、传播信息迅速，通过类似平台推送 MOOC 提醒信息，吸引潜在的学习者及早地加入相关课程的学习中。

鼓励学习者参与。教师可以鼓励学生了解并学习英语 MOOC，也可以考虑将 MOOC 引入英语课堂，如探索大学英语翻转课堂教学模式或者微课教学模式等。同时，还要对学习者给予证书、学分认证、奖学金或其他奖励来鼓励学习者参与 MOOC 学习，使学习优秀或表现优秀的学习者可以获得物质方面的奖励或精神方面的支持。教师还要及时关注学习者包含兴趣在内的学习动机。

鉴于大学英语 MOOC 教学模式中存在的情感问题，大学英语教学应把教学设计的重点放在"教"与"学"的交互研究方面，加强教学反思与评估。教学相长，师生互动，构建和谐共进的师生关系。MOOC 以学为主，打破传统教学以教为主的教学模式，可以教学相长。

情感与认知是学习者参与学习的两个基本维度。积极的情感会给学习者带来学习的动力和持久性；反之，消极的情感不仅影响学习者的正常学习，甚至会影响学习者的身心健康。因此，在 MOOC 时代，教师与学生应寻求共学共进。经验越丰富的教师，越愿意积极主动地与学生交流，越容易让学生感觉到教师的存在。

教师主动激发师生互动有六个关键技巧：①不要被动等待学生来提问，而要主动鼓励学生向自己提问，以确保学生随时投入学习之中；②勇于尝试在教学中应用新型技术工具，发现及确定哪种工具或设备适合应用于教学中，以保证师生互动的技术通道的通畅性；③亲身参与虚拟课堂，从学生的视角体验MOOC学习，以此来帮助自己更好地理解学生的学习困难与需求；④善于鼓励MOOC学习空间中负责任的行为，引导学生合乎规范的学习行为；⑤充分利用在线论坛等平台为学生提供建立联系、有效交流的机会，促进学生形成以班级为界限的学习共同体；⑥善于管理自己的在线时间，事先规划以便有效整合教学资源，同时还需提供备用方案以防由于突发的技术障碍而带来的不利影响。

四、建立青年教师团队，为课程开发注入活力

教师信息化教学能力作为新型的教学技能，是教师专业发展的核心能力，是高校教学质量的保障，应得到高校和教师的重视，高校层面应加大对青年教师信息化教学能力的技术培养和物质支持。

开发MOOC人力资源，需要充满活力的教师团队。并不是每位教师都是合适的人选，从年龄结构上看，青年教师应该为教师团队的主体。一方面，动机是计划开展的必要前提，MOOC英语教学模式的到来改变了传统教学模式，具有几十年的英语授课经验的老教师一时难以接受MOOC这一新鲜授课方式。正如现在，在多媒体广泛运用于教学的年代，很多老教师依然选择板书授课、手写备课。当前的青年教师是云生活的新人类，生活在微信、微博等电子媒体中的他们，对基于电子信息技术的授课模式具有更强的动机。另一方面，一般情况下青年英语教师是高学历的尖端人才，思想前卫，他们的心智结构符合MOOC开发的基本条件。尽管青年英语教师的教学经验不足，但是他们的记忆力、感知能力、想象力等都处在发展的顶峰，在长期接受国外文化的影响下，他们接受知识快、学习能力强、创造力丰富，所以他们是MOOC开发的最合适人选。

五、完善学习评价体系与管理机制

大学英语改革要科学引导MOOC应用，建立健全MOOC教育教学体制，让MOOC教育发挥良好作用。MOOC的质量监控、课程认证和学分认可等将影响MOOC的可持续发展，因此这部分既是将来实践者探索的重要内容，也必将是研究者关心的重要主题。只要教师有机会能不断地与网络课程磨合，就该有充分的理由看好网络课程的发展前景。因此，国家根据不同高校的发展水平和特点，制作出符合实际和课程的MOOC测评方法。例如，学生所修的在线课程达到某种标准就可以获得相应的学分，而这些学分是获得该校学位的必要组成部分。而且，学校之间应打破资源垄断，可以进行学分互认互换、互相促进，进而使得MOOC趋于正规化。这样，学习者通过MOOC而学习到的知识技能就可以得到社会的认可，MOOC也可以获得可持续发展的动力。

应将英语MOOC结业证书或者课程进度纳入学生过程性考核。首先，要求由重视教学结果的评价向重视教学过程的评价转变，加强对平时作业练习、课中和课后测验、学习日志、论坛参与、演示操作等的评价，弱化传统的期中测评和期末考试。以过程性评价促进和引导学生积极地学习，而不是在所有课程过程结束后给学生一个合格与否的评判。其次，以教学平台为基础，采用形成性评价和总结性评价相结合的方式评价学生的学习绩效，把学生自评、生生互评及教师评价融入教学过程的各个环节，实时向师生提供反馈信息，为教师调整教学策略、针对性解决某学生的具体问题提供依据，也有利于激发学生的学习兴趣，提高其成就感与学习绩效。

探索学分互认制度，促进了教育体制创新MOOC推动下的学分互认发展，建立了在线学习与学历教育之间的桥梁，为中国高等教育体制的创新带来了机会。

六、制定规划及规章制度

MOOC 建设是一项复杂的系统工程,涉及学校工作的诸多方面,它需要学校诸多职能部门的密切配合,也需要广大教师和学习者的高度认可和大力支持。因此,在 MOOC 平台的开发和管理方面,必须加大力度,制定并完善规章制度,使其合理化、科学化。在科学规划的基础上,充分尊重教师的教育教学权利,以提高教学效率。学校在建设规章制度的过程中,同时建立完善课程内容审查制度,并加强教学过程和平台运行的监管,有效防范和制止不良信息的传播,以确保平台的平稳稳定和用户、资源等信息的安全。应充分利用 MOOC 资源的优势,建设内容质量高、教学效果好、适合网络传播的在线开放英语课程。学校应着手制订《英语课程建设与管理办法》,内容包括课程建设的基本原则、MOOC 平台建设、课程类型与建设方式、主讲教师及教学团队建设、教学方式、成绩管理与认定、辅修专业与双学位、经费支持及机构设置等多方面的内容。

七、建立多元投入机制,促进英语 MOOC 资源共享

优质资源的共建共享需要社会多方的支持,在政府引导下进行多方的投入和"成本分摊"机制将成为教育信息化可持续发展的重要保障。

目前,为了有效调动高校和教师开发 MOOC 资源的积极性、提升 MOOC 的应用与服务水平,我国应积极探索政府主导支持建立、学校主体建设、共建共享的社会发展模式,构建基于公益性和市场化相结合的共建共享体系。我国应借鉴国外 MOOC 平台的建设经验,加快建设优质开放课程教学资源,全面提升服务水平,努力使精品资源发挥最大的应用效应。这就要求:首先,教育部和省级政府部门要在政策上加强指导与支持,为 MOOC 的全面发展提供明确方向、必要条件和良好的发展环境;其次,高校要承担绝大部分的课程产出、管理与科学研究的角色,积极推动高等教育机制体制的创新变革;最后,专业公司可通过技术辅助、合作开发、独立运营等方式不同程度地参

与到 MOOC 的建设与管理中，利用其技术与市场资源优势，缩短相应知识科研成果与实践应用的转换距离。

第六章 基于翻转课堂的英语教学设计与应用研究

随着教育制度的不断变革，翻转课堂作为一种新型的教学模式开始出现在人们的视野中，它和过去的教学模式有所不同，它更加注重培养学生的自主学习能力。本章重点探究翻转课堂教学方法的理论、基于翻转课堂思想的高校英语教学设计、翻转课堂在高校英语教学中的应用。

第一节 翻转课堂教学方法的理论探究

一、翻转课堂教学方法的定义与特征

（一）翻转课堂教学方法的定义

翻转课堂是由英语"Flipped Class Model"翻译过来的术语，教育界称之为"翻转课堂式"教学模式。它与传统的教学模式完全不同，传统的教学模式是以教师讲课—布置作业—回家练习的传统顺序完成；而翻转课堂与传统的教学模式形成了一个鲜明的对比，翻转课堂是采用"先学后教"理念，消除了传统教育过程和教学内容的强制性和思维过程的依赖性，重点在于把知识转化为自己的东西，真正做到了"以学生为中心"。

翻转课堂又称反转课堂、颠倒课堂，传统模式下的"教师讲课,学生练习"的方式与翻转课堂所特有的"课前学生自学，上课共同练习"的方式正好相反，因此称之为翻转课堂。从教学组织的角度来说，翻转课堂就是将知识分段，翻转课堂的目的就是将知识片段化，教师制作教学微视频，学生在课前观看微视频，并随时对疑难知识点进行讲解，课中师生之间还可以利用互动

来对知识进行充分吸收，课后微视频还可以起到复习巩固的作用。国内外学者对翻转课堂的解读体现在宏观和微观两个角度。从宏观角度来看，是对翻转课堂理论的定义，即翻转课堂对知识传授、内化的翻转；从微观角度来看，翻转课堂是过程内涵。

国内部分高校也相继开始了翻转课堂的实验研究。翻转课堂是"先学后教"理念的技术化使其执行性极大提高，消除了传统教育过程中教学内容的强制性和思维过程的依赖性，重点在于把知识转化为自己的东西，真正做到了"以学生为中心"。具体来说，翻转课堂教学方法具有如下八个方面的特征：

①注重学习过程。学习者在学习过程中提高职业能力和学习业绩，以此实现教学目标。

②注重学习者思维方式的培养。在教学过程中，注重学习者思维、发现及分析解决问题的能力，注重思维方式、学习能力的培养。

③注重学习者自主学习习惯和能力的培养。在翻转课堂教学过程中，无论是课前、课中还是课后，都有一定的形式、任务和压力来培养学习者的自主学习能力。

④注重学习者合作精神的培养。学习者在未来工作中最需要的就是团队合作能力，所以，在翻转课堂教育过程中利用团队合作的方式进行学习有利于合作精神的培养。

⑤从传统教学"关注知识的传授"向"关注学习者的发展"转变。以学习者为中心，以培养学习者职业能力为目标开展教学。

⑥从传统教学怎样"教好教材"向怎样"用好教材"转变。课程不等同于教材，教材是课程的主要知识载体。因此，在教学过程中，在充分发挥教材作用的基础上，将行业企业的新知识、新技术和新方法等及时融入教学内容中。

⑦从传统教学注重"教"向翻转课堂教学注重"学"转变。在教学过程中，教是促进学的基础方法，学是实现教学目标的核心方法，而培养学习者的自主学习能力则是教学的主要目标之一。

⑧从"传统教学"向"新理念教学"转变。教师和学习者的理念转变是核心。

（二）翻转课堂教学方法的特征

20世纪50年代，世界上的很多国家还在进行着广播电视教育，之所以其他的教学模式没有对教育界造成影响，而翻转课堂却能很快得到大家的认可，是因为翻转课堂相比其他方法来说有以下两个鲜明特征。

1. 教学内容

（1）短小精悍的教学视频

在应用广泛的互联时代，短小精悍成为翻转课堂的一个相同特点。几分钟的视频时间占据了主导地位，十几分钟的视频已经成为较长视频。一个视频对应一个特定的问题，针对性比较强，更利于查找；视频长度符合学生身心发展特征，能巧妙地控制在学生注意力集中的时间段；具有暂停、回放等多种快捷功能，有利于学生自我控制、自主学习。

（2）清晰明确的教学信息

教学视频可直接听到教师书写时的画外音，视频中还可以看到教师的手不断地写出讲解中的数学符号，直到填满整个屏幕。而传统教学录像中，在学生自主学习的情况下随意出现教师的头像及教室里摆放的各种物品都会分散学生的注意力。这就是翻转课堂的教学方式与传统的教学录像的区别所在。

（3）重新建构学习流程

一般情况下，学生的学习过程大概包括两个阶段：第一阶段是通过教师与学生、学生与学生之间产生互动来实现的"信息传递"。"信息传递"是教师提供视频，还可以进行在线辅导，学生则是在课前完成学习；第二个阶段是在课后由学生自己来完成实现的"吸收内化"。"吸收内化"就是利用学生和教师之间的相互交流在课堂中完成的，教师在课前就能够知道学生遇到的难点，所以在课堂上的辅导就更有目的性，同时同学之间的交流与帮助更能使"吸收内化"得以实现。在缺少教师指导和同学互帮的情况下，"吸收内化"阶段会使学生产生挫败感，丧失对学习的动力。翻转课堂则能重新架构学生的整个学习过程。

2. 师生角色的变化

（1）教师角色发生转变

第一，教师的角色从传统课堂上的讲解者转变成了学习的督导者和引路者，课堂也不再是教师的一言堂，但也并不是削弱了教师的主导地位，只是学生的主体地位因为翻转课堂得到了充分体现。教师可以利用一些有利于学习的组织策略性活动，如基于角色扮演、问题的研讨、小组鼓励性学习、游戏化学习等来提升学生对学习的兴趣。第二，教师在教学内容上也承担着教育资源的提供者和视频讲解课程的设计开发者的角色。在课前，教师要做好相关知识的教学课件及相关的网络资源等，便于学生能从各个角度充分掌握所学知识。

（2）学生角色的转型

在翻转课堂教学方法下，学生可以自定义学习计划，可以有效控制自己的学习时间、学习地点、学习内容、学习量的多少，在整个学习过程中成功由传统的知识接受者转型为学习中的主角。在课堂上可以充分发挥自己的学习和互相帮助的能力，这样能更好地理解和吸收知识。因此，学生的角色也发生了转变，从知识的接受者变成了知识的生产者，同学之间可以互相帮助，接受知识快的学生可以帮助接受知识慢的学生，承担教师"教"的角色。

（3）可自主安排学习时间

学生可以根据自己的时间来安排学习，也可在"碎片时间"观看视频。随着现代信息技术的不断发展，学生完全可以掌握自己的学习进程，可以根据自己的学习状况来选择哪里需要反复观看，哪里不需要看；学生还可利用交流平台问同学或者教师问题。因此，学生就是知识的主动建构者，而在传统的教学中很难做到这种及时性和适切性。

（4）翻转课堂的教学环境

正是由于现代信息技术的不断进步与发展，创新的教学模式才能得以实现。传统课堂只是利用粉笔、黑板、PPT等教学工具形成的教学环境，而翻转课堂却利用全面的学习管理系统整合了线下课堂与网络空间。这个学习管理系统对教师和学生都有很大的作用,教师可以利用它组织和展示各种教学资源,对学生的学习情况也有所了解,这样辅导起来更有针对性;学生可以利用它与同学一起学习、互相帮助,完成学习任务。

(5)翻转课堂的"混合式学习"

欧洲国家的许多学者普遍认为,翻转课堂是一种全新的"混合式学习方式",是增加师生之间互动及学生个性化学习的一种新型手段,对课堂教学模式产生了重大变革。事实上,翻转课堂的初衷就是课前看视频听讲解、课堂做作业或讨论两种学习方式的混合,面对面传统的课堂教学与在线教学方式结合起来的混合式学习模式。

(6)翻转课堂实现个性化教学

翻转课堂拥有自己的教学模式,它把群体教学与个别教学结合到一起,它认同每个人的发展速度都是不同的,以及教学的步骤也是不同的。每个学生所具有的潜力都是不同的,拥有的智力也是不同的,因此每个人的发展方向也不同。同种条件下,同样的学习内容,有的学生能够完成得既快又好,但是有的学生却需要花费很长的时间和精力去学习。传统的课堂教学希望所有学生都能在同种条件下完成相同的学习内容,这是不可能实现的,因为传统的课堂教学没有考虑到不同的学生对学习要求的标准也是不同的。然而在翻转课堂教学中,学生不仅可以主动地掌握自己的学习进度、体现异步的特点,还可以根据学生提出的问题进行研究讨论,教师根据每个学生的情况对其进行指导,这从根本上也符合异步教学所强调的"教学内容问题化、学生学习个体化、教师指导异步化和教学活动过程化"的基本特点。这样看来,翻转课堂具有的异步性特点能够提升学生学习的主动性和学习效率。

二、翻转课堂教学方法的基础理论

(一)泛在学习理论

21世纪,计算机技术和网络通信技术突飞猛进地向前发展,同样的学习模式也在相应地不断变化,从刚开始的数字化学习(E-learning)后来又出现移动学习（M-learning）。现在，最先进的泛在学习（U-learning）又浮出了水面，比前两者更深入，更有研究价值。

近几年，泛在学习已经普及全国各地，甚至很多国外的学者也在使用及研究这种学习模式。泛在学习主要是学者根据自己的需求和自身的条件不断积极地运用广泛的计算技术来学习多种丰富知识的一种学习模式，它是数字化学习和移动学习的深入化和广泛化。泛在学习的使用范围是无限制的，它可以不受任何时间与空间的限制来开放灵活地完成自己的学习目标，可以活到老学到老。

有很多学者在理解泛在学习概念的时候认为其与泛在计算的概念有联系，并觉得泛在学习概念是在泛在计算概念的基础上完成的。1988年，学界对计算机与网络的应用再次进行深刻的研究，最后得出了"泛在计算"这一对人们影响最大的看不见东西的概念。之后，泛在计算技术不断在教育界深入发展，以至于深层化的泛在学习诞生了。从此，泛在学习在泛在计算的影响下让个人的学习活动不断地融入日常生活中。

通过对国内外学者研究成果的整合总结，泛在学习主要具有以下五个特点：

第一，泛在性。学者可以在任何时间和空间下来泛在性追求自己的学习目标。

第二，可获取。学者可以放心大胆地在所有地方追寻自己的学习资源。

第三，交互性。在学习过程中，学者可以不断与教师及专家进行互相交流和沟通，来实现共同进步。

第四，教学行为的情境性。通过把学习和生活中的每个细节相结合，让特定的知识问题在这种情景下很容易被发现。

第五，关注现实问题。学者在泛在学习的过程中，将他们在现实中所遇到的问题得以有效的处理，并完成自己的学习目标。

随着网络信息技术和教育技术迅速发展，学习的方式也是一步一步发展到现在的泛在学习，并也向未来的方向不断前进。泛在学习不管什么时间和什么地点都可以被学者广泛地运用与学习,具体来说,通过现在的信息技术在网上开设微课的方式,让更多的学者可以通过计算机和手机等通信方式下载并学习相关的知识。

(二)翻转课堂学习理论的掌握

20世纪60年代,通过对以前的学习能力提出异议进而掌握学习理论被提出。人的学习能力从出生开始就有不同的差异,从正态分布分析,大多数学生的能力都处于中间档次,有少数学生处于高能力及低能力。因此,教师可以应用智力测试的方法来预测学生成绩的好坏。许多个别差异的学生并不是真的个体所固有的,而是偶然的。由此可见,学生只要有合适的条件,都能学会他们想学习的知识。

学生相互之间的差异性与学生学习能力的差异性是两个不同的概念,直接影响学生学习能力的主要原因就是他们的学习时间与学习速度是有区别的,同时学习时间与学习速度是后天可以调整的。学习程度的快慢主要取决于学生实际所用的学习时间与掌握吸收该学习的成果所需时间的函数,即:

$$学习程度 = f(实际用于学习的时间量/需要的时间量)$$

学生要想充分地吸收知识,就要把自己实际用于学习的时间加以延长并充分利用起来。

影响学业成绩的重要原因是学生在接受新事物之前自身所具备的条件,一部分原因是学生对所学的内容是否产生共鸣,还有少数原因是教学质量与学生之间没有确切的融合。经过大量实验验证,个别教学是最为理想的方法,但由于高校资源有限,因此暂且无法推行个别教学模式。教师按照章节顺序将教学内容分解成不同的模块,以学生掌握的教育目标理论为基础,设计每一模块的教学内容,之后适当地布置一些测试性题,不断检测学生对知识点的掌握情况,随时对所安排的教学内容进行调整。教师可以因材施教,因为每一位学生对概念的理解都不尽相同,所以教师需要针对不同的学生做相应的调整和补充。在传统的课堂上,教师为了整体教学的进度,通常是群体教学,往往忽略了部分学生对知识点的接受与否。而当下网络时代教学恰巧克服了这一弊端，翻转课堂把个性化学习真正地落到了实处。

根据对学习理论的掌握情况，翻转课堂教学方法把学生的实际学习时间充分利用起来并提高了很多。学生在利用翻转课堂教学方法进行学习时，在上课前学生自己可以先在微课上简单地学习基础知识并了解观看微课的时间与频率；然后，教师通过这个模式能够确切地了解学生的学习状况并加以正确的辅导。教师根据课前了解到的学生微课信息做有关方面的教学方案。通过这种模式学习以后，学生积极主动地去学习，对学习的态度有很大的改变，知识的掌握度必定增高。

（三）ARCS 动机设计模式

ARCS 动机设计模式是在动机—成绩—教学影响理论的基础上提出的。这一模式认为，影响学生的学习动机有四个要素，即注意、切身性、自信心、满足感，将四个要素首字母组合在一起便是 ARCS 动机设计模式。因此，教师在进行教学设计的同时，还应根据教学内容进行动机策略设计，激发学生的学习动机。

按照 ARCS 动机设计模式，在教学活动开始时，教师首先应该唤起并维持学生对学习活动的注意；然后使学生理解完成这项学习任务与他自身密切相关，建立教学与学生之间的切身性；接着要使其觉得有能力完成任务，使学生产生并维持对学习的自信心；最后学生获得完成学习任务后的满足感与成就感。

1. 唤起注意力

只有注意力被充分唤起，才能让新的刺激进入学生的意识阀。教学活动展开的第一步就是激起并维持学生的注意力。当教育者进行教学设计时，首先需要考虑的就是如何引起学习者的认知好奇，将他们的注意力有意或无意地指向学习活动。

2. 提高切身性

当认知好奇心被唤起后，学生可能会产生一些问题，这些问题所涉及的就是切身性的问题。当学生意识到他们参与的学习活动可以满足他们的需求时,学生的动机水平就会提高。当学生意识到如果他完成这项学习任务可以得到教师与家长的奖励时,这种带功利性质的属于目的指向的切身性;而有的学生会被小组活动之间的协同合作情境或组间的竞争机制所吸引,学生对学习过程的体验更感兴趣,这属于过程指向的切身性,这种切身性常与满足学生需要的教学方法紧密联系。

3. 增强自信心

能力知觉、控制知觉和对成功的期望是影响自信心的三个重要因素。人们认为成功需要一些必要的能力才可以实现,当人们认为他们自己拥有这些能力时,动机就可能会被激发,这是能力知觉对自信心的影响。人们的行为总会产生一定的后果,当人们认为通过自己的努力可以对后果产生影响或者改变后果时,他们对行为的自信心将会增强,这是控制知觉对自信心的影响。对成功的期望类似于自我实现的预言,如果学生认为他不可能成功地完成学习任务,他就会选择放弃,即使学生的注意力被引起并得到维持,切身性得到体现。

4. 获得完成学习任务后的满足感与成就感

让学生感受到学习的价值、学习的快乐,让他们在学习中获得满足,包括自然的结果、积极的结果、公平等。

三、翻转课堂教学方法的应用

(一)翻转课堂教学的方法

1. 课前教学内容的选择和制作

在进行教学设计时,要充分考虑教学目的与视频的契合度,教师可以选择已有的视频资源在翻转课堂上运用教学,这样可以节约时间与精力,很多理科类公共课程、世界名校公开课、中国国家精品课程、微课网等都为教师提供了寻找与自己教学内容相关的优质教学资源。借助原来教学视频的帮助,可以使一线教师节约时间,同时也避免了普通教师对于上镜有压力,网络资源的共享帮助了教育资源充分的运用。在这基础之上,怎样利用教学视频抓住学生的眼球，怎样把视频制作质量提升，都是翻转课堂所要面对的问题，可以利用以下方法提高教学视频质量，增强声音的感染力、重视幽默的运用、增加适当的注释等。

2. 智慧的课堂导引

翻转课堂相对于传统课堂来说，拥有自己独特的学习时间段，即后视频阶段。因此，学生已经掌握了知识点，第二天的课堂学习才更为重要。教师要根据学生的不同情况对其有针对性地进行教育，这才是最理想的课堂：教师因材施教，学生有效学习。教师在课堂上讲得生动，吸引学生的注意力，才是对教师智慧与功底的考验，在上课之前，教师应思考学生观看视频时会提出什么问题，做好准备；在上课时，教师应该把学生提出的问题快速地分类整理，参与或者组织大家一起解决问题，同时提出具有针对性、引领性、启发性、探究性的问题，让学生进行更深意义的讨论。在这个过程中，教师要观看学生的表情和话语，提取信息，因材施教。只有在教师与学生、学生与学生之间的密切互动中，有意义的学习活动才能持续推向纵深。

3. 课后拓展与升华

虽然学生利用课前自学、课中内化的方法掌握了课程内容，但是他们并没有与现实相联系，仍然是独立的、不相关的、现实效用欠缺的惰性知识。要把这些知识内容真正转变为学生自身的知识，一方面需要他们自己理解和掌握这些知识，习得和掌握相应的操作技能或技巧；另一方面，需要他们学会思考问题、理解问题。这就要求学生不仅要了解自己学习的内容与目的，更要掌握怎样学、怎样用。因为知识的学习不能仅停留在表面，更应透过现象看本质，辩证地进行学习，要善于将所学的新知识融入大脑已有的认知结构中，从而在已形成的认知体系中重新建构起新的有效的联系，学会迁移学习，具体问题具体分析，根据变换的情境做出决策，然后解决问题。因此，教师在翻转课堂的教学实践中，要拓展知识点，设计新技能，在课后给学生布置下去，给学生提供真实情境中锻炼的机会；与此同时，要教会学生进行反思，锻炼他们进行课后反思的能力，帮助他们养成自主反思的习惯，从而促进学生知识技能的进一步内化、拓展与升华。

4.学习理论

随着网络时代的不断发展，游戏在学生中逐步流行，也正因如此改变了人们对网游的排斥，但是国外在20世纪80年代利用游戏和教育界的结合开始研究教育游戏，将网络游戏融合在教学设计中。最近十几年，这种游戏化学习才在中国成为热门研究。

游戏化学习可以让学生有目标存在感，借助游戏里的规则方法选择适合自己的发展方法、教学策略，以达到在整个教学过程中将概念、规则和学习很好地结合。

（二）翻转课堂的教学模式

翻转课堂的教学模式是教师设立课程目标，并制订课程计划，包括课上内容、阅读内容和预备布置的作业等。教师在学习活动里充当设计者的角色，能够清晰地指导学生进行自学，引导学生明白该学习什么、怎么学，给学生布置微课或提供学习资料。让学生能够自主学习，在有难题或疑问时能够通过视频实现知识传递，提取学生学习的反馈信息；学生则在自主完成作业及教师提供的学习资料外随时通过网络平台记录下自己遇到的问题，并通过视频反馈给教师。具体来说，可以分为以下五个步骤：

第一，课前练习。学生自主学习，完成教师布置的作业，通过课前练习来巩固自己的学习进度，起到强化训练的作用。

第二，在课前学习的基础上，教师通过教学视频来调查学生的学习进度情况，可适当提供参考资料，但资料难度最好不宜超过课前提供的学习任务，以便激发学生在学习过程中的成就感。

第三，要让学生明白不能只靠课前的努力，要通过互动学习引起学生的思考能力；同时，鼓励学生协作学习、互相讨论学习，针对学习中的难题能进行交流，达到解决问题的目的。

第四，在师生间、学生与学生之间互助学习的基础上，设计展示的教学活动，通过解释和阐述的方式，加强学生对新知识的巩固与应用。

第五，在成果展示的同时，教师应对学生及时评价。教师引导学生反思自己的学习情况，并及时端正学习态度，采取有效的方法和策略等。

（三）翻转课堂教学方法在中国的应用

在我国大力推行翻转课堂的实践过程中，依然要以我国本土的优秀文化理论为基础，在保留优质的教育理论的同时，大力引进和学习国外高效的教学模式，从而实现真正意义上的中国化翻转课堂。因此，在将翻转课堂本土化时，首先应当正确认识翻转课堂这种教学模式。虽然翻转课堂在创立新意方面略胜一筹，但是对于它可以推翻传统化教学模式这一说法并不合理，应该以不同课程的特点、不同科目的特征、各阶段教学的目标要求及目前具有的教学条件为基础，把翻转课程适当地融入其中，最终实现翻转课堂的完美运用。

1. 翻转课堂运用的条件

考虑到我国现阶段的教育实际条件，粉笔和黑板仍然是我国学校教育中的主流教学工具，教学效果并没有很大的改善，假如完全摒弃传统的教学工具，当前的教育教学工作将无法正常运行。翻转课堂要想在我国教育教学中真正的应用，需具备两个基本的条件：

第一，需要有大量完备的教学资料和视频为基础。目前这些视频资料通常都是各学科的教学者提前制作和录制的，如果资料过于单调或者用处不大，学生肯定对此没有足够的兴趣，更不用说提升教学成效了。所以，高质量的教学水平和高标准的视频制作是翻转课堂对教学者的主要要求，目前还是在趋于完善的过程中。

第二，自律性和意志性。翻转课堂对学生的首要要求是自律性和意志性，而学生自控力的提高不是短时间内就能形成的，它的提高需要多方面的共同努力，特别是与学生的年龄大小密切相关。在实际教学中，假如翻转课堂真的应用到教学实践中，高校教育应该比中小学教育更容易一些，推广起来的难度也相应小一些。之所以会出现这种情况，是因为我国当前的高校教育更加注重学生的自主学习，而且随着年龄的增长，学生的自律能力会更强，大

第六章　基于翻转课堂的英语教学设计与应用研究

学的空余时间相对更多,硬件条件也相对更为先进,能够为翻转课堂的教育教学创造更好的条件。

2. 翻转课堂运用的途径

(1) 转变教育观念

我国传统的教育模式特别强调"尊师重道""为人师表"和教师在教育工作中的"传道、授业、解惑"作用,从而进一步强化了教师在教学中的监督、传授作用和对整个教学过程的主控地位。总之,我国传统的教学模式是重教育轻学习,要实施好翻转课堂,必须改变"以教师为中心"的传统思想。翻转式课程是把学生在课前的线上学习、课堂的面授相结合。在线学习是在教师的启发和协助下进行的;而面授教学是以教师教学为主,学生自主交流与探究为辅,从而提升学生的领悟能力。若想达到预期目标,就需要把两者相互结合,即传统化教学与数字媒体教学的有机结合,不但使教师的教学能力得到了展现,而且强化了学生在教育活动中的地位,同时也使学生在学习过程中更加积极主动。

要更好地实施翻转课堂,教师的传统教育理念必须与时俱进。传统的教育观念是从意识形态上做出抽象和概括的最大化,与之相应的教学方式方法、学习模式都是教学理念的类属概念;教学理念和教育观念是相通的,具有同一性。例如,"以教师为核心"的教学理念,教育观念就是强调教与学活动;"以学生为中心"的教学理念,其教育观念是强调混合式的教育思想,但并非二者的简单重叠,而是经过不断的改良,并且以最恰当的方式方法推行,才能凸显成效。所以,广大教学者转变教学理念和教学思想是积极有效开展翻转课堂的有力保证。

(2) 加强对翻转课堂的系统研究

目前,翻转课堂在我国进行了有效的开展,并且颇受欢迎,但大都是一些简单的平台操作、模式构建等相关技术层面的问题;各地的教育机构也相继开展了不同类型的现场宣导会,基本上都是经验之谈、课堂操作与演示、平台操作,以及实施的决心和方法等;部分学校照搬外国的课堂模式,遵照着进行效仿。现阶段更多的是一些学校、机构的领导和信息网络平台的参与者在大力推行翻转课程,能对翻转课堂进行系统科学的分析者少之又少,这很不利于翻转课堂在我国的发展。翻转课堂具有美国社会的教育印记和文化背景,尤其固定的教学实践模式,虽然它的适应度很广泛,但是也不能漏掉其政治、经济环境所造成的影响。不能步入盲目效仿的误区。所以,若想实现真正意义的本土化翻转课堂,就要深入、透彻地探究它的建构之"源"、发展之"本"、成功之"道",而不能单一地搞形式层面的效仿。此外,也要意识到解决翻转课堂的一系列难题并不简单,任重而道远。

(3)创新教育评价体系

近几年我国教育理念和教学模式的深化改革有效证实了教育信息化工作发展迅速,要不断地得到创新,就要从本质出发,加快从教学向自学的转变,从单一的课堂学习为主向学习方式多样化转变,从知识传授为主向能力培养为主转变。加上信息技术在翻转课堂教学的不断成熟,值得期待的是,翻转课堂必将会成为我国教育界的新一轮教学改革。但对试验学校的调查进行分析后可以发现,课前要求学生观看的教学视频和PPT应用并不是翻转课堂学习方法的唯一条件,而是将课堂组织管理、教学视频和微课堂设计有机结合。所以,翻转课堂教学效率的提高既得益于教材的信息化整合,也得益于教学结构的合理调整和教学流程的有序编排,翻转课堂整体效能的增值得益于从理念到方法的综合性变革。从完整的角度看,翻转课堂是相对于传统教学而产生的一种全新授课安排,它针对的是传统教学中教师"填鸭式"、学生难以养成主动思考的习惯。翻转课堂将传统课堂的45分钟精简到15分钟内传授给学生,更多的时间用于学生之间的交流,教师对学生的辅导、答疑和作业的完成,时间的支配上更加灵活,进而为学生更好地自主学习和翻转课堂的有效发挥创造了更好的条件。但翻转课堂并不能完全代替传统教师"传道"的角色,只是"传道"的具体形式、时机掌控、内容涉及上有所改变,因此它的核心思想是对"知识传授—内化"过程的合理调整。教师的个性化教学、情境化教育模式、针对性教学、整体性教育模式仍然占据着非常重要的地位。

因而,从这个角度讲,翻转课堂是对固有的传统教学模式的一次颠覆性改造。但是翻转课堂能否真正地适应中国的教育实际,还需要在实践中进行探索和检验。

想要翻转课堂真正实现中国化,必须积极探索新的教育评价体系。课件的制作、教学视频的录制、我国目前的教育评价体系都是影响翻转课堂教学方法在我国发展的重要因素。特别是我国目前的教育评价体系,仍然存在着教学评价标准过于单一、方法过于简单、教学评价的技术相对落后等缺点,考试成绩仍然是对学生进行综合评价最主要的标准,学生的升学率仍然是学校工作评价的最重要指标。在这样的教学评价体系影响下,教师、学生、家长的期盼是考个好成绩,所以学校对翻转课堂的实践教学持犹豫和迟疑的态度,家长和学生对此持相对保守的立场也在情理之中。如何走出一条知识增长与能力发展协调并进的路子是我国教育工作的重中之重。

第二节 基于翻转课堂思想的高校英语教学设计

一、高校英语"翻转课堂"的教学模式

(一) 课前教师制作微课

各高校英语教材没有太大区别,通常涉及话题单元和文章及听写的部分。网络时代下的课堂,不提倡传统模式的课堂方案,避免大篇幅地讲解课文,那样既浪费教师的时间又对学生没什么效果,同样是教师在制作微课时所应该避免的问题。在制作微课前,教师提前总结本单元的重点,微课视频中涉及的内容就是词汇、语法及写作的部分。所以,需要提前总结归纳使微课视频条理清晰,内容生动完整。为使学生快速消化,一般视频时间是 10 分钟左右,可适当地穿插一些动画和习题。高质量的微课无形之中给教师增加了压

力，所以在制作微课的过程中，教师之间可以分工合作，一起完成微课教学，杜绝出现低质量的微课视频影响教学质量。微课可以在课堂上讲解，也可以放在校园网站共享平台或者和其他学校间共享，不断寻求改进。

微课可以是自己制作的视频，也可以吸取其他高质量的课程视频进行学习，如哈佛耶鲁公开课、慕课等大批量的微课。由于微课资料的繁多，难免会给学生在选择上造成困难，教师推荐网站的同时帮学生提炼出内容的重点，根据学习能力的不同，布置学习任务的数量可以适当设置上下限。

（二）课前学生进行自主学习

对于培养学生的自主学习，教师可以提前计划布置一定的任务给学生，同时提供给相关的资料包供其参考。考虑到每位学生自身条件的不同，可以设置必选和可选的资料包。学生自主学习就是课前的预习，熟悉将要涉及的知识点，了解单词的用意，在学习到基本知识点后可以看一些较复杂的问题，对照微课教学视频进行反复训练，根据微课视频的优势随时记录有问题的地方，找出所有问题，然后归纳问题，与同学之间可通过网络平台或者自主翻阅资料等方式解决问题，经过一番探讨之后还有遗留的问题可以反馈到教师处获取最终答案。通过这种方式，可以使学生由被动接受知识转变为主动寻找答案，就是运用这种模式激发学生寻求答案的欲望，进而锻炼其判断能力和归纳问题及处理问题的能力，一系列的方案有助于学生自主学习得到强有力的提升。

（三）课上教师解惑答疑，帮助学生内化吸收

在大学课堂上，由于课时的缩减导致高校英语教学的质量降低，因此如何安排课堂教程，学生和教师之间如何做和教也是一大难题。众所周知，要想玩转英语，互相之间的交流是必不可少的。因此，利用微课，让学生在课前将重点和难点进行归纳学习；在课堂上，教师从主导者的角度转变成引导者给学生讲解问题，让学生尽可能地在课上反复练习。教师将大部分时间留给学生，将少部分时间用来给学生解决课前集中好的疑难问题，选取恰当的

时间安排学生进行自主学习的测试，检验众多学生所积聚的主要问题。课堂上，教师可以通过组织各种活动来巩固词汇量，如比赛游戏、辩论大赛等不同形式的单元主题。

（四）课后师生反思交流

教师在微课之后，需要总结归纳教学中的问题，随时关注网络评价，不断地完善不足从而强化微课内容。同样地，学生在课堂之外，总结所学习到的知识点并随时与教师相互交流，正所谓教学取长补短。为了鼓励学生在课后积极主动拓展，教师适当地采取加分制方式，如知识点的归纳和笔记总结等一系列方式让学生对教学内容进行巩固。

二、基于翻转课堂思想高校英语教学的设计思路

伴随着教学体系的创新完善，大学英语的教学方式正在不断改革，也在发生着日新月异的改变。从最初的单一教学结构转变为今天多元化的教学结构，教学效益可谓大幅提升。而翻转课堂这种新型理念正在逐步改变传统的教学模式，不再是以教师为中心，不再是"授人以鱼"的教学效果，其完全独占整个高校英语教学，深受各界人士的喜爱。

（一）在教学设计方面的思路

尽管中国传统的教学模式已经在国人心中根深蒂固，但是并不意味着应该一成不变、翻转课堂就不能替代传统教学模式。只要做好以下两方面的转变，传统教学模式也可以被打破，翻转课堂便可以成功得到应用。

第一，无论是教师还是学生都应该从自身出发，做好身份角色的转变。从教师的角度来讲，之前的授课模式都是以自己为中心，如今转变为督促、监督和指导的身份，那么这个过程中就极其考验教师是否能够及时发现学生学习中的问题并且做出指导，否则不仅学生学不到有效的知识，教师也会被架空，没有尽到做教师的义务。而对学生来讲，打破常规的翻转课堂，让学生的学习由被动变为主动，这个转变是不容易的，学生要逐步适应这种模式，

锻炼自己的独立学习能力，跟上自己的学习步伐，片刻不能被懒散"拐跑"。

第二，学生应该注意翻转课堂的时间调配问题，课下要主动完成应该学习的知识任务；在课上也能将自己掌握的知识积极与教师和同学交流，将不明白、不会的问题及时提出，相互之间形成互动，不要有任何"自己提的问题会不会很愚蠢"这样的顾虑。在翻转课堂的教学模式实施过程中，不仅加深了学生与学生、教师与学生之间的交流，还拓宽了彼此之间相关知识结构的层次深度。

（二）翻转课堂及英语教学

翻转课堂这一新颖甚至超前的授受理念得以快速发展，离不开教育学家和心理学家的持续钻研。经过他们的反复研究，他们完全否定了之前的那种教学模式：教师不顾进度地"灌入"知识，学生等被动式地"输入"知识，完全没有独立自主的学习能力；相反，翻转课堂模式采用"先学后教"、学生完全自学的模式，培养了学生的自主学习能力，并且学生可以在这个自学过程中充分发挥自己的想象能力，尝试各种学习手段，最终找到适合自己的方法。另外，教师也不再一味是"灌入"者，而是变为学生答疑解惑的"好帮手"。

翻转课堂教学模式的成功引入，极大地促进了英语教学的发展，让语言的地位得到了前所未有的提升。

三、基于翻转课堂理念高校英语教学模式的设计

选择高校大二的学生作为研究对象，分别采用观察法和交谈法开展了为期两周的研判交流，对高校英语教学的特点总结如下。

（一）课堂的特点

对于书本原有知识的教学，课程的前半段教师会重点教授，速度会相对快一些，那是因为课堂教学时间短暂，教师会留出大量的时间练习学生的读、说能力，教师甚至会将学生以小组形式相互交流，但是结果往往不能尽如人意。

第六章 基于翻转课堂的英语教学设计与应用研究

由于教师讲的单词、文章、长难句较快，教师留下的交流时间全被学生用来相互之间抄笔记，完全违背了教学的初衷，这样学生与学生之间的沟通不频繁，不能达到学生思想的交锋。

其实每一堂课教师都是做了精心的提前备案，所以在课堂上，教师会将每一个单词的意义、拼写、读法和用法完完全全地教给学生，这样无形之中就会占用大量的课上时间。所以，教师也很心急，担心自己准备的知识讲不完、不能讲好，没有让学生达到知识的融会贯通，只是被动接受。

每个教师的出发点都是好的，但是结果却事与愿违。加之有部分学生课上学习状态不佳，不能集中精力听教师讲课，这样来讲，教师的辛苦更是付之东流。教师完全没有必要花费大量的时间讲一些相对不太重要的知识，可以只针对陌生的、难解的知识进行讲解，然后节省大量用于学生和教师、学生和学生之间进行交流和互动的时间。

（二）评价的特点

关于高校英语教学的针对性评价，对授课教师进行的专题性交流如下：

1. 关于评价形式的想法

分数高说明他们对这部分知识掌握得好，但是并不代表他们对所有知识都掌握得好，反之亦然。因为分数能够代表学生对知识的掌握度，所以学生通常把卷面分数认为是自己对知识的整体掌握度。

学生重视的是分数，他们会以分数的高低评估自己对英语教学的学习情况，忽视自己综合能力的提高。

2. 改善现状的办法

随着课程改革进入攻坚期，带动着高校英语教学也进入不断转变的时期，创建一种新型的网络平台供学生学习，英语教师也可以借助这种平台进行网络教学，最终实现一种课下传授知识、课上内化知识的模式。

四、基于翻转课堂理念的高校英语教学模型的设计

（一）教学模型设计的原则

教学模型设计的原则如下：

1. 教学对象的普遍性原则

在校大学生作为此次研究对象，可以根据他们的学习情况并具代表性地进行研究，实验对象分别来自30人的班级，通常的口语教学和练习都在一起进行，并且彼此之间相互熟悉不陌生，这一点充分说明他们彼此之间进行交流、探讨、合作等没有问题，其思想观念、学习状态习惯都非常相似，代表普通学习者，完全适合于本次研究。

2. 教学内容的针对性原则

本次教学内容只是一个话题，如针对某个名人。在课上要学习的是相关人物的品质、品德等个人品行，而其作为与成就是学生需要通过教学视频在课前了解的。教学内容简单易懂，针对听力、阅读、语法、翻译等进行锻炼，实际操作方便。

3. 教学目标的明确性原则

教学目标的设定比较明确，主要分为知识目标、情感态度目标，目标层次分明，知识目标是希望学生掌握单词等的发音、书写、意思并能够灵活运用。

（二）教学模型的设计

基于翻转课堂教学模式的教学流程，设计了如下基于翻转课堂思想的高校英语教学模型，为后续展开翻转课堂教学提供借鉴，如图6-1所示。

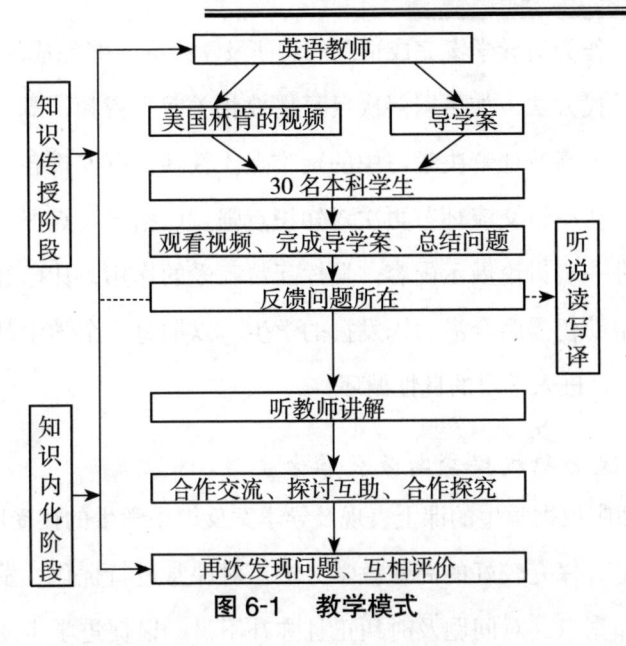

第六章 基于翻转课堂的英语教学设计与应用研究

```
知识传授阶段 ──┬── 英语教师
              │      ├── 美国林肯的视频
              │      └── 导学案
              │           ↓
              ├── 30名本科学生
              ├── 观看视频、完成导学案、总结问题
              └── 反馈问题所在 ─── 听说读写译

知识内化阶段 ──┬── 听教师讲解
              ├── 合作交流、探讨互助、合作探究
              └── 再次发现问题、互相评价
```

图 6-1　教学模式

五、基于翻转课堂理念的高校英语教学流程设计

（一）高效课堂的前提条件是充分的课前准备

做好课前准备，教师对课堂的教学目标清晰、流程了然于心，课堂教学将更为流畅、紧凑。课前准备分为以下三个步骤：①教师要明确所教授的教学内容，设计符合教学需求的导学案，因材施教，确保每位学生都乐于参与并且有所收获，这是教学的依据、备课的蓝本。②导学案主要是引导学生主动学习，教学视频、导学案应提前准备分发并注意应符合学生适龄的学习特点。要求其课前观看视频，认真预习，自主进行教学内容学习，解决导学案中基础部分后做提高题，对难度较大的问题要做好标记并罗列出来，以便在课堂上学习时更加具有针对性。③教师在课前收取学生的导学案，进行疑难问题的归纳，待到课中辅助学生解决；学生也可用其他互动方式，与同学进行交流讨论学习。

（二）课上互学，充分利用导学案

教师需提前一天收集学生已经完成的导学案，逐份查看，了解跟踪学生导学案的完成情况，耐心分析、细致查找学生在学习过程中出现的知识点"卡壳"状况，以此作为对导学案完成情况的调研及学生导学案完成的小结与指导。要积极主动寻找方法，如可以多次反复播放相关教学视频，既温故复习又发现新疑问，自主高效地解决学习中的疑难点。教师也可安排各小组进行组内的互动学习，在小组交流环节再次对知识点强调、指导、点拨，学生要结合教师指导，进一步讨论展示内容，发挥互帮互爱的作用，让已经适应且效果显著的学生帮助仍需磨合潜力未发掘的学生，以期每一个学生都能更好地自适应所需知识，进入学习的良性循环。

（三）课后积极探究高效教学方法

课后教师应根据学生的课上表现及导学案反馈中学生的接受度，总结学生学习中的不足，探究较好的高效教学方法，对课堂进行优化。发现学生学习中的闪光点和亮点，对问题及时纠正且弥补不足，以促进学生的知识能在以后的学习中顺利转化吸收；而学生也可以通过新技术手段，如网络平台等与教师及时互动，依据所学习内容尽快掌握新知识，营造"共同探讨，全体进步"的学习氛围。为了更好地解决个人疑问，可以催生更有效的互助式学习。当新教学与导学案分发后，主动学习并发现不能顺利接收、需要到课上解决的问题，真正发挥课堂的高效。教师与学生在课后完成课后反思，进行知识的扩展与延伸。

六、基于翻转课堂理念的高校英语教学导学案的设计

通过观察法和交谈法，在设计导学案之前，分别在课前、课上和课下了解了大学生学习英语的基本状况，并以此划分其学习习惯的类型及每个学生的学习特点。

1. 自主学习型

主观能动性强、计划性强、目的性强是这类学生的主要特点，总体来说是积极主动完成教师分配的相关任务并能主动进行课外学习。课堂中，在教师的引导下，能够自己发现问题、提出问题，且尽可能自己来解决问题；注意力高度集中，积极主动地回答问题；在聚精会神做好听课记录的同时，也

能全方位地保持注意力集中甚至听说读写的综合听课；能够独立总结课程的重点、难点、易错点；课后在没有家长和教师的监督下，做好总结，独立完成作业，对所学知识进行概括，抓住应掌握的重点和难点，及时发现不懂的问题，主动与教师进行交流沟通。这样的学生其学习成绩一直名列前茅，已经自觉形成了适合自己的学习习惯。

2. 半自主学习型

积极性要明显次于自主学习型，计划性及目的性较弱。虽能做到课前预习教师分配的任务，却不能学习课外知识来填充学习内容；无法达到举一反三的学习效果；课上会主动跟着教师的教学思路，也能够主动做好笔记，但客观来看，他们的注意力并未完全集中，甚至会走神跑偏；并未真心用脑或者说全身心投入学习，无法达到学习效果的系统化、规律化。这样的学生学习成绩并不突出，却也并非很差，没有形成自己良好的学习风格。

3. 应付考试型

很明显这类学生学习的目的只是为考试而考试，缺少正确的学习态度和良好的学习习惯。课前只会应付公事地标画考试的知识点，且多是自以为有用的；课上极为被动，当教师提到考试必考知识点时反应极大，认为万事大吉、大功告成；课下机械性地只复习所谓的知识点，不会去做拓展习题，甚至想不到去简单突击，心心念念考到复习点却不会将知识引申、扩展、深化。这样的学生学习成绩一般处在班级中下游，毫无学习方法。

第三节　翻转课堂在高校英语教学中的应用

一、翻转课堂模式在高校英语中的案例教学研究

近年来，大学毕业生的英语听力、口语、阅读、写作能力越来越受到用人单位的普遍重视，但其相对于我国传统英语教学效果相差甚远。面对此种

现象，教育工作者，尤其是英语教学人员，应该积极深刻反思此种现状，并力争找出对症之策，努力改善学生的语言学习方法及学习效果。因而，翻转课堂的教学理念出现在一些高等教育的课堂实践中。翻转课堂通过对教学结构颠倒安排，重构教学流程，对英语听力、口语、阅读、写作教学有重要的启示。随着新技术的出现和时代的变革，高等教育英语听力、口语、阅读、写作教学也应该尝试以翻转课堂的形式做出适当的调整。大学英语听力、口语、阅读、写作翻转课堂教学新模式具有灵活性、时效性、开放性、模块化和多模态输入等特点，将翻转课堂的理念引入大学英语课堂，进行有效的听力、口语、阅读、写作翻转教学尝试，学生不再是知识的被动接受者，教师也不再是放音者，有利于实现学生的个性化学习，并为学生创建良好的语言学习环境和条件。将翻转课堂应用于大学英语的听力、口语、阅读、写作教学中，教学反馈效果良好。

（一）翻转课堂在高校英语听力教学中的运用

由于互联网+时代的到来，翻转课堂作为一种新的教学模式走进大学的课堂。它的教学模式符合英语专业技能的教学目标，现代化的教学手段，把教师主导、学生主体的教学理念体现得淋漓尽致。想要提高外语的听力水平，这是一个需要长时间积累的过程，只有经过不断的学习和积累，外语听力水平才会有所提高。但是，翻转课堂的教学模式打破了传统听力的局限性，使得听力水平的教学质量能够得到有效的提升。此外，还可以把这一教学模式应用到商务英语教学中，这样不仅能够提高教学效率，还能够提升师生之间的互动率。在听力方面，翻转课堂没有教学传统听力教学的特性，所以它的教学效果也比较明显。如果把翻转课堂与大学英语很好地结合起来，将面临一个巨大的挑战，这就要求教师不断地创新。

1. 翻转课堂与高校英语听力教学相结合

（1）充分利用 TED 资源

TED 是美国一家私有非营利性机构，用思想的力量来改变世界是他们的教学宗旨。这家公司的演讲领域已经不仅仅局限于技术、娱乐、设计三大方面，演讲者也逐渐涉及科学家、哲学家、艺术家、画家、心理学家、语言学家、慈善家等。每年的3月份，他们都会邀请科学、教育、商业、环保等不同方面的优秀人物来共享他们的思考与探究。

TED官网的可及性、思想性、广度及深度使得翻转课堂的实践性得到了极大的保障，大概从六个方面得到了体现：①语言材料的真实性得到了保障，这与其他音频材料有极大的不同。一般情况下，上课时所用的语言材料大都是在录音棚里录制而成的，尽管语言的纯正性得到了保障，却失去了真实性。②语言输入的广阔性得到保障，这主要是由于演讲者的主题应有尽有。③英语专业学生的思辨性得到了保障，原因是演讲者都是各个行业的优秀人物，他们的思想与观点都处在学术的前沿位置。④教学时间与翻转课堂的时间具有吻合性，如在官网上发布的教学视频平均在15分钟，长的20分钟，短的10分钟。⑤技术手段新颖。TED官网提供的视频均无字幕，但在视频下面有一个独立的互动文稿（interactive transcript），只有点击"interactive transcript"，互动文稿才会出现，并同步显示演讲者的话语。这种技术支持使得学生可以选择听的方式，如视频、视频+字幕、先视频再字幕后视频。⑥TED网站可以实现学生学习的自控性，它提供的内容实现了听什么、何时听、如何听这一理念。

总而言之，TED给学生提供的教学内容是天然的、未经加工的，并且通过一些教学模式保障了翻转课堂完美地运行。

（2）加入多样化教学工具

①英语歌曲欣赏。在空闲的时间可以听一些英文歌曲，不仅可以放松身心，还可以在英文歌曲中学到一些表达方式和一些发音的技巧，这样学习起来能够达到事半功倍的效果。

②影视作品欣赏。多看一些电影作品也是有好处的。电影情节的丰富性可以很快地使学生融入剧情中，这个过程，消除了学生学习的紧张感，也是他们吸收知识的最好时间。当他们全身心地投入电影情节的时候，就会不自觉地跟着说、跟着读，这样有助于在平时上课时不敢张口说话的学生能够开

口进行交流，进而发表自己的观点与看法。

③英语竞赛视频。给学生观看一些英语竞赛的演讲视频，在这个过程中，学生不仅可以学习答辩者的语音语调，还可以学会一些在紧急时刻的应变方法；除此之外，还可以学到一些演讲技巧。从不同的方面不同个角度去学习，可以极大地提高学生的英语理解能力。

④访谈视频。名人、明星的访谈节目对提高英语水平也有很大的帮助。因为受明星的吸引，所以去看这些视频，他们对这个内容很好奇，然后就会很认真地听取其中的内容，并且其中会有很多前沿的学术性信息和一些真实的实例，这不仅在学习上可以得到帮助，在生活上也会受到一定的感染。除此之外，可以观看主持人的主持过程，学到一些遇到紧急情况如何完美地解决问题的处理技巧。

（3）建立多元化考核机制

翻转课堂在课堂评价体系方面的教学模式以学生专业技能和综合素质的全面发展为主要目的，主张自主学习和协作学习结合的方法，所以在教学效果评价中就要冲破传统教学模式的束缚，建立以教师考核为主要评价机制，实现师评学生、学生自评、小组成员互评、小组自评和组间互评等多种考核机制，无论哪种考核机制都要把学生作为考虑的主体，教师是唯一参评者或者是参评者之一的一种模式。

上述模式可以通过两种评价实现，一种是形成性评价，另一种是终结性评价。形成性评价主要以考核为主，考察自主式、讨论式、探讨式的学习过程及阶段性的专业性技能是否有所提高；终结性评评价以能力提升为主要目标，运用教育分离的手段，将学生的期末实践能力水平和学习效果作为重点考察目标。

2. 高校英语听力翻转课堂教学方法的设计

在上课前，教师准备好有关的视频和音频，学生在课余时间自主听完；在课堂上，教师主要以引导和研究为主，而不是一味地解说资料、对取答案。把大部分时间放在听力技巧的点播上和对知识的扩展及攻克疑难杂点上，使得课堂不仅仅是讲授式,而是互动、讨论、讲授为一体的教学模式。

(1)教师准备部分

编辑与教学相关的资料:教师在上课的时候,除了要携带教材本身的资料以外,还应该携带自己录制的音频或者视频,作为讲授的资料。例如,一些单元的句子、短语、单词等都可以通过视频及音频资料了解其背景故事,学生可更好地理解单词、短语。例如,在讲解海外禁止携带违禁品的常识和填写背景知识时,就可以借助视频,让学生事先了解这些知识点,然后听取教师的讲授,这样可以把知识点了解得更透彻,更便于以后复习的查找。

①整合网络的扩展资料。教学内容不应该仅仅局限于课本内的内容,由于学生接触到的资源有限,所以其语言输出自然会受到限制,时间久了就会对学习失去信心。换言之,互联网极其发达的今天,互联网上的内容极其丰富,如一些公开课、一些演讲等视频资料。听力是一个重视积累的学科,它不同于其他学科,所以教师的教学资源不应该仅抓住课本,也要结合网络资源,使学生的学习生活更加丰富。教师要对这些信息资源进行整合,把它放到课堂上,被学生使用。例如,教师可以去 TED 上下载资源,然后把视频发给学生,让他们有足够的时间去充分地了解和预习。除此之外,教师还可以把难度分开档次,初级的要求是学生能听懂主题和大意即可;高级的要求则需要学生查找对相关演讲人的介绍、主题的背景知识、主题的详细内容、文化信息等,然后回归课堂进行交流沟通,这样既能提高学生的学习热情,又能提高教学质量,可以收获更好的学习效果。

②课内教学准备。在教学准备上,教师首先要做的就是掌握熟练的教学本领,熟悉并且恰当运用一些技巧,能够把知识准确地传递给学生,标出重难点,适当的交流沟通会收到更好的效果。在此基础上,教师进行深刻的探究,然后可以在论坛上发表课题研究。

(2)学生活动部分

这部分涉及的是课前预习环节,其中有两个方面活动。如果想达到更好的学习效果，每节课结束后都可以返回上一级进行学习。

①了解学习任务。通过网络平台，学生明确学习目标和课内外的学习任务，这样就能根据自身的特点有针对性地学习。

②观看翻转课堂视频。对于教师分享的视频，学生要独自下载完成，或者到指定网站观看指定的视频。在观看的过程中，学生要针对教师提出来的问题进行信息整合，明确自身的学习水平和节奏，把收获的信息实时记录下来，同时还可以通过交流平台反馈问题。

（3）课堂教学

要抓住课堂中的重点，学生已经做好课前预习，也就省去了教师在课堂上再次播放此视频的时间。通过预习，学生带着疑虑和疑惑来到课堂，然后教师会明确重难点。例如，在讨论一个新生刚入学的题材时，不仅可以把话题引导到所要学习的知识和技能上去，也可以把学生引导到一个他们感兴趣的地方，使得他们的学习生活更加丰富。

（4）个别化辅导

在翻转课堂中提到的是教学模式是师生互动和生生互动，但是在上述教学活动中主要提及的是生生互动。在这个过程中，教师的主要任务是指导学生参与活动，并且观察和监督他们的表现，在适当的时候给他们提供一些帮助和提点，不过多地跟学生进行交流。在学生自学过后，肯定会出现一些疑惑或者一些理解上的偏差，这就需要教师根据个别学生出现的个别问题进行针对性的辅导。除此之外，还要留一部分时间给学生消化知识内容和独立完成项目，再根据他们独立完成的任务进行个别性的辅导。个别化辅导的时间一般在课堂刚开始的时候或者是其他教学活动之前，这样避免有疑惑的学生遇到更严重的问题。不仅如此，也可以在教学活动之后让学生总结所学的内容，并且帮助他们排忧解难，使他们更好地领会知识。

（5）阶段性反思与总结

对教学工作进行阶段性的总结，找出教学中的不足，使教学工作能够逐渐完善。繁重的工作和工作的紧迫性导致教师没有足够的时间进行教学后的反思。但是，在翻转课堂上，教师能够有足够的时间通过自身实践去探究问题的根本并且在探究过程中自己可以成为探究的主体；教师在设计翻转课堂的教学思路的时候，能够让自己全身心地投入在教学中，发现问题、研究问题并且解决问题。以研究者的身份置身于教学情境中，用研究者的眼光审视在教学中的各种问题，并且反省自身，对出现的问题进行探究。教师经过一番的探究与改正，不断推进教育行为的改变。

（二）翻转课堂在高校英语口语教学中的运用

翻转课堂是不同于传统教学的一种新型课堂教学模式，它利用现代网络技术和资源，把传统教学中教师课堂讲解这一环节放到课外，而把配套练习、师生互动及生生互动放到课内。对于英语水平差、自信心不足、性格内向的学生，这种和谐关系能够帮助他们消除心理障碍、增强自信，使他们想讲英语、敢讲英语。众多学生已经默认了翻转课堂的模式，他们一致认为这种模式比传统课堂模式更加丰富，并且附带有趣味性的风格。在教学过程中，视频教学往往比死板的书本灵活很多，而且在众多学生中得到了这一结论的验证。学生在观看教学视频的过程中，对外国文化的深入了解表现出积极主动的态度，促进了师生之间的教学情感，同时增强了学生对英语的喜爱程度，在翻转课堂上学生整体表现出轻松的状态。翻转课堂的众多特点，表明了翻转课堂与英语口语教学结合的可能性，并且不断显示出其独特的优势。

1. 翻转课堂与英语口语教学相结合的可能性

翻转课堂可以在一定程度上解决口语课堂教学的典型问题，学界对高校英语口语教学中存在的问题已有深入的研究，其中在课堂教学方面比较典型的问题有：①学生的兴趣和信心不足，口语学习普遍存在焦虑感；②学生的主体地位不明显，课堂口语活动实际参与度不足；③口语学习的内化环节缺失；④学生在课后的口语练习缺乏监督和评价；⑤在传统口语课堂上，很多学生羞于开口、易紧张、怕被嘲笑，对口语学习缺乏动力和兴趣，这已是一个普遍现象。

即便口语教师很擅长调动学生，但也需要花费不少时间引入话题、介绍背景，导致学生口语练习的时间被压缩，使学生沦为"配角"。少数积极的学生容易"统治"小组活动，使多数学生沦为"看客"。即使教师尽量平均地给予学生发言机会，但在一次课上也很难抽到每一名学生，许多学生由于得不到教师的评价和反馈，难以有效地实现知识的内化（如发现和改正错误、提炼口语表达方法、总结口语学习经验）。在课后，口语教师也很难检查学生是否有效完成了口语作业。而在翻转课堂这种模式下，课前学生既可在独立私密的环境下自学，又能获得教师、同学的在线交流，能保护学生的自尊心而不用担心被嘲笑。通过反复练习，学生在课堂上展示出来的是准备充分的、成熟的发言，有助于树立大胆说英语的信心。教师在课堂上可以把更多的时间和精力用于开展梳理知识、互评互助、合作探究、总结点拨、反馈评价等知识内化活动，解决了实际参与度低、口语实践时间不足的问题，学生也得到了个性化的指导。在课后，教师可要求学生将口语作业上传到在线平台，实现课堂的延伸和对课外练习的监督，能把握不同班级、不同学生在课堂之外对知识的掌握程度和作业完成情况。

2. 翻转课堂模式下高校英语口语教学活动的设计原则

（1）能够体现意义协商的交际策略

母语使用者在与外语学习者交流时会采取两种手段：一种是输入简化，另一种是话语修正。这些沟通技巧称之为交互修正，之后有学者将其称为意义协商，不同的语言学家又从不同的角度对这个术语进行了不同的解释，将"理解核查、确认核查、澄清要求"这些沟通技巧作为交际策略的一部分进行了介绍。本部分内容侧重介绍在意义协商中，说话者根据听话者的水平对自己的话语进行调整修正，使得听者理解原本不理解的话语。在意义协商过程中，说话者为了让对方听懂自己的话，必须关注语言的准确性，如选择正确的词汇、运用正确的语法规则、将单词发准音等。同时，他们也会关注自己想表达的和能表达之间的差距。一般来说，信息沟和拼图式一类的活动最适合体现意义协商的交际策略。

第六章 基于翻转课堂的英语教学设计与应用研究

（2）能够体现会话的社会交际性与事务性

在课堂教学之外，与他人之间的交谈往往出于两种目的：一是社会交际，二是处理事务。这里所说的社会交际性就是指交流目的是建立与维护人与人之间的社会关系；而事务性是指交流的目的是处理事务，如交流信息等。这两种会话又有各自的特点，社会交际性会话比较随意，话题涉及各个方面，你一言我一语，所以相对而言，对于接下来的话轮转换及会话往哪个方向发展具有不可预测性；事务性会话却不同，话题处在一个相对限制的范围里，话轮的转换与会话方向具有可预测性。

（3）符合学生所处的环境、兴趣与学习目标

英语口语教学活动的设计要符合学生所处的环境、兴趣与学习目标。学生所处的环境指的是本地区、本校，甚至本班的实际情况。在活动设计中将本地区具有特色的活动纳入口语教学活动，这样学生在认知上不存在困难，便于激发学生的认知图式，使学生有话可说。用英语表达自己身边发生的事件，学以致用、在用中学，又能激发学生的学习兴趣。学生有了学习兴趣，又会加快学习目标的达成。为了使口语教学活动设计贴近学生的实际，教师偶尔也可以请学生参与活动内容的设计，请他们提供话题和活动形式。教师可以在学生提供的环境背景下设计诸如角色扮演等活动，或采用学生喜爱的歌唱等形式来设计活动。

教师安排学生介绍自己所熟悉的旅游景点——离海口市约20千米的石山镇的"火山群国家地质公园（Volcanic Cluster National Geopark）"。教师之所以这样做，是因为学生对本地的风景名胜有直观的感受，向外地的朋友介绍时，学生会觉得有话可说。

教师问各组学生海口的哪些景点值得向外国游客介绍："What are the places of interest that you think worth visiting? Can you say some of them?"学生回答得比较踊跃，但大多数学生都是用中文说出各景点的名称，如位于海口市区的主题公园热带海洋世界，教师在黑板上将学生不能表达的英文名称Tropical Sea World写出来；石山镇的火山群国家地质公园俗称"火山

口公园（Volcanic Geopark）""热带野生动植物园（Tropical Wildlife Park and Botanical Garden）""海瑞墓（Hai Rui Tomb）""五公祠（Five-Lord Temple）"；还有个别小组提到定安的"南丽湖（Nanli Lake）"和"热带鸟世界（Tropical Birds World）"等。

各组提到最多的两个景点是热带海洋世界和火山口公园，其中有三个小组还分别向全班展示了这两个景点的图片。他们推荐热带海洋世界的主要理由是"You can find a lot of fun there"，推荐火山口公园的主要理由是"It's the most beautiful place in Haikou"。教师让全班学生进一步讨论这两个景点对外国游客来说是否值得一看："Which of them do you think is most worth visiting to foreign visitors andwhy？Can you say more about it, for example, what's special？What canforeign visitors see or do there？"

在教师的提示下，有学生说到火山口公园比热带海洋世界历史悠久，并展示了附有中文说明的图片。一张图片显示"这一火山群形成于2.7万年至1万年前"，教师让学生用英语说："The Volcanic Geopark was formed between 27 000 and 10 000 years ago"；另一张图片显示"热带海洋世界建成于2000年11月"，教师引导学生说"The Tropical Sea World was established in November in 2000.The Geopark is much older than the Sea World"。还有学生谈到"火山口公园是自然景观（natural landscape），在那里既可以看风景，还可以爬山，而热带海洋世界是人造风景（man-made scenery）、儿童游乐场（children's playground），可能不具有代表性"等。学生最后一致同意推荐火山口公园。教师帮助学生归纳选择该景点的原因：①a wonder of the world（它是一个世界奇观，既属于海口，更属于世界，外国游客应该感兴趣）；② a geological learning（它具有地质学意义，作为世界上最完整的死火山口之一，外国游客可以从中学习到关于火山类型、熔岩和熔岩隧道等许多关于火山的科普知识）；③ typical subtropical scenery（除了火山石构成的奇特景观外，外国游客还可以通过那些独特的建筑、石阶、古树、园林及味道独特的羊宴等，了解海南的亚热带风情及其特点）。

教师接着问去过火山口公园的学生印象最深的是什么："Have you ever been to the Volcanic Geopark？ When did you go there？ What impressed you most？"然后让学生根据自己对火山口公园的印象（最熟悉、最有兴趣表达的内容）自拟题目进行描述；对于没有去过火山口公园的学生，教师允许他们从课堂中大家提供的各种中英文资料和图片中选择自己感兴趣的内容；对之前提到的景点实在没有兴趣的学生，也可以选择自己所熟悉的海口其他旅游景点作为题目进行叙述。

3. 高校英语口语翻转课堂教学方法的设计

翻转课堂教学模式的难点不在于教学顺序的替换，其真正的挑战在于大学英语教师是否习惯这种教学活动。教师要具备将结构化的知识转化成立体、真实的问题或任务的能力，同时又要能够合理地引导学生通过问题或任务的解决掌握相关知识和技能，让学生借助网络资源，通过知识的内化，自己逐步摸索出学好英语口语的方法。

有别于传统的教学设计，在设计翻转课堂的初始阶段，由于翻转课堂的学习主要依靠学生自我建构来学习知识，因此，翻转课堂中的学生分析除了包括认知特点、学习动机、学习风格、起点水平分析外，还必须分析学生对自主学习的态度、技能及学生是否能顺利利用网络平台对教师提供的微视频等学习资源进行有效的学习，在此学习过程中学生是否能够有效利用讨论区或者交谈软件进行师生间、生生间的交流与协作等环境因素。课程内容的分析则必须结合翻转课堂的特点，让教师在较短的时间内（一般为5分钟左右，最长不宜超过15分钟）运用最恰当的教学方法和策略讲清楚一个知识点，让学生在最短的时间内自己完全掌握和理解有价值的知识点，确保微视频能够满足学生实用、易用和想用的直接需求。

微视频的设计必须紧密联系教学目标、教学大纲和教学内容，避免将重心放在微课制作技术上，如在视频的拍摄、画面的精美和声音的处理上投入过多时间和精力等。课程目标要单一，内容要清晰，使学生拥有更加聚焦的学习体验。微课程设计时要深挖细节，设计主题完整的微问题，以此加强微课程互动，促使学生思考，提高学习目标准确度，使学生对知识的理解更加深入、透彻。无论是知识的讲授还是问题的解决，都要力图解决学生在学习过程中遇到的一些疑难问题。如果是课时较长的重点内容，可将其分为若干小主题供学生学习，使学生明确重难点及知识点之间的联系，促进学生自主学习能力的提高及逻辑思维能力的提升。

微课的最核心资源就是一段短小精悍的教学视频，这段视频应能集中反映教师针对某个知识点、具体问题或教学环节而开展精彩的教与学的活动过程，教学形式和教学活动地点可以多样化，这也是微课教学设计的关键环节。

为将翻转课堂模式实践于高校英语口语课，设计了英语口语课翻转课堂教学模型，简要介绍如下。

（1）课前阶段

教师任务：教师集体备课，制作导学案，明确本次课的教学内容、教学目标、重难点、练习方法等，然后由教师录制微视频。

学生任务：学生在课前登录在线平台，浏览导学案，观看教学微视频，自主控制进度，也可暂停视频去记录语言点或疑难点；接着点击课前练习题，就其中的话题（练习题上话题将在课堂上展示）进行自主口头练习并录制音频。

在线交流：学生在完成自主练习后上传音频到在线平台，下载同学的练习音频以供借鉴。同学间可在线探讨课前环节中遇到的疑难问题并相互解答；教师也可登录在线平台，下载学生上传的音频，了解学生课前练习情况，发现重点问题。

（2）课堂阶段

确定探究目标：课堂探究目标需要师生共同确定。教师可将课前交流时学生所反映的情况作为探究目标，学生则可把课前环节发现的疑难点和未解决的问题作为探究目标。

探究解决办法：教师组织学生以小组的形式进行探究活动。学生可根据课前自学和练习情况交流各自的观点。在此过程中，教师巡视各组，确保每个学生都在参与探究活动，并提供必要的指导或进行个别答疑。

成果展示：教师组织学生就课前练习的话题开展形式多样的课堂展示活动，如问答、演讲、看图说话、复述故事、二人情景对话、分组讨论、多人角色扮演等，保持学生对话题的新鲜感。

巩固或拓展：在课上，教师应设置有差别的巩固性练习。学生自主选择题目，基础较差的学生可选择基础性习题；水平较高的学生则可选择拓展性练习。

二、翻转课堂在高校英语阅读教学中的运用

在英语阅读方面，很多时候翻转课堂比传统模式显示出更多的优势，这种模式主要体现的是深度阅读，在阅读的同时通过分析产生共鸣。教师要求学生深度阅读，很大程度上养成了学生在这方面的自觉性。经过反复阅读训练后，学生会养成一个快速阅读的技巧，就是这种课前的快速阅读才使课堂上的时间有效地利用起来，让师生共同深入研读进行多方面的问题分析。然而，每种事物的诞生总会利弊相伴，在翻转课堂上，教师应该利用取长补短的方式进行教学，即尽量发挥长处回避缺点，确实将学生的阅读能力提升到一个新的层次。不管是课内阅读还是课外阅读，都应该兼顾学生参与的积极性，这同样是翻转课堂所重视的关键点。

（一）翻转课堂与高校英语阅读教学相结合的优势

翻转课堂与高校英语教学相互结合优势多多，先简要介绍以下五点：

1. 学生阅读兴趣的提高

要想激发学生对英语阅读的热情，在翻转课堂教学方法中，教师需要提前备案，采用一些内容丰富的教材，如视频教学。学生在观看视频的同时轻松自由地进入学习状态，在这种模式下，可在激发学生兴趣的同时快速提升他们的阅读能力。在课外，学生也不会像以往被动接受教师所布置的作业，他们开始主动寻找有趣的英语阅读，自觉性地完成课外

阅读。

2. 学生语言能力的发展

学生在翻转课堂上，既找到了学习的兴趣，又提升了英语阅读能力。经过反反复复大量阅读，阅读本身已然不是学生所需，深层次的目的是提升学生的综合能力，这种提升体现在多方面，如学生的写作能力和词汇量等。

3. 学生个性化学习的实现

学生可以通过翻转课堂的模式反复进行视频学习，根据自身的条件随时寻找学习进度视频，这种方式远比传统课堂教学好得多。在传统课堂上，如若学生注意力不集中，就会错过教师的讲解内容；而翻转课堂恰恰避免了这个问题，可以让每一位学生随时针对学习问题进行讨论，不管哪一环节的问题都可以精确定位并且得到解决，这就是所谓的个性化学习模式。

4. 创新合作能力的培养

在这个多元化的时代下，对人才的需求不单单限制在专业技能上，当下所需的人才是具备全能型的创新意识人才，显然这是网络多元的趋势所在，而英语阅读正是培养这种合作精神和创新意识的方式之一。在传统模式的课堂上，教师占主动权，整个课堂是由教师引导学生进行一问一答的学习状态；相反，在翻转课堂上，学生可以自由发挥，教师起着辅助作用，学生把控自身的学习过程，通过自主学习的过程找到自身的薄弱环节，再针对问题寻求解决方法。通过这种学习模式，可以增强学生的自主意识。在课堂上，学生互相交换意见，在探讨问题的同时快速成长，由学习强的学生带动相对学习弱的学生，使整体的学习氛围提升到一个高度，学生之间的交流不但强化了学习，还使彼此之间的感情更进一步，让他们共同意识到合作、创新的重要性。

5. 学生综合实践能力的培养

翻转课堂一直倡导的是以学生为中心，不管是课堂上还是课外，学生自主学习精神和合作意识都得到有力的改革，促使他们发现问题并积极主动地去解决问题。通过这种模式，不但提高了学生学习的自觉性，还强化了他们在问题中寻求答案的能力，同时让他们意识到合作的重要性和创新能力及行动力的强大。综上所述，翻转课堂是在传统模式课堂上进行的改革，让教师和学生在很大程度上发生了变化。显而易见，翻转课堂得到了大学英语阅读课堂的一致认可，并且取得了一定的成果。

（二）高校英语阅读翻转课堂教学案例

1. 教学内容与教学目标

教学内容：The London Eye is on your right.

教学目标：能说出伦敦一些主要景点的名称，了解到地点专有名词往往大写开头字母，能通过阅读弄清文章的逻辑关系。

预期目的：就本课而言，有关景点名称的朗读是一大难点，单词很多，且不在课后生词表中，如果没有课前的预习，课堂上就需要教师花大量时间去解决朗读的问题。另外，学生对于这些景点的了解非常有限，有的学生甚至一个都没听过。如果没有相关的背景知识，仅仅让学生读懂文章，完成任务，那么文章的学习就会令学生感到相当无趣，还会错失一次非常好的文化解读机会。因此，教师就根据课堂需要制作了一个微视频，让学生在家观看微视频，完成预习作业。

2. 微视频设计、教学片段与诊断分析

第一，微视频设计。在微视频中，教师首先利用几张学生比较熟悉的世界著名景点图片，让学生说一说它们分别在哪些国家，从而引入伦敦的其他著名景点。由于大部分学生不了解这些地方，教师就在相关的图片下做了简要的中文或英文介绍，让学生对此有直观的了解，并为阅读文章打下基础。此外，利用微视频或课件，提前让学生跟读新单词、理解新单词，将会帮助学生进一步扫清阅读障碍；再配套两个单词理解的题目，将进一步加深学生对单词的理解运用。接下来便是提出阅读技巧，本课的阅读技巧是让学生了解表示地点的专有名词往往开头字母大写。教师设计了以下任务，让学生在阅读文章中运用这个技巧。

任务1：阅读文章并找出游客经过的地点。学生如果掌握了这个技巧，浏览文章时就可以快速找出答案。

任务 2：阅读文章并回答问题（写在课堂练习本上）。

通过这样一个预习微视频，学生的生词朗读问题可以提前解决，文化背景知识也可以在课前得到了解。文章初步阅读的前置，让一些阅读能力较弱的学生可以自己调控时间，减轻了他们在课堂上来自同学的阅读压力。阅读技巧的提出，进一步提高了学生的阅读能力。

第二，教学片段与诊断分析。在教学环节，根据学生在家观看预习微视频，跟读生词，了解背景知识，并完成阅读预习作业的情况，教师还需要在课堂上设计活动检测学生的预习效果。

首先，挑战游戏，复习地点专有名词。通过抢答游戏，学生兴致高昂，课堂气氛热烈。游戏结束后，学生再次跟读，纠正错误发音。

其次，观看课外动画视频，检测学生对文章的理解，校对预习作业。动画是最直观的，有些学生即使读不懂文章的全部内容，也能从视频中猜出个大概。学生在家初步阅读后，通过观看视频，与文章内容进行对比，一些疑问也能迎刃而解。通过校对预习作业，教师能检测学生的阅读情况，并由此调整接下来的深入阅读。

再次，以个人为主、小组合作为辅，完成课本练习。教师要求学生再次静心阅读，尽量自己完成；之后进行小组合作，对不同的意见进行讨论并最终确定。这种让学生说服学生的方式，往往能达到更好的教学效果。

最后，思维碰撞。讨论预习中画出的难词和难句。这个教学环节是利用教室里的白板，当场画出学生提到的难词和难句，由其他学生来讲解，教师最后总结。

回顾这次利用微视频的翻转课堂，是比较成功的。教师首先利用丰富的图片介绍景点，将学生带到伦敦的各个地方，并配上简略的文字介绍，突出景点的最大特色。让学生跟读景点名称，扫除朗读上的障碍。在课堂中，设计抢答任务来检测学生的预习效果，学生积极性高涨，课堂气氛也相当活跃。原本非常难读的名称在学生积极学习的心态下，就很容易解决了，可以说全班绝大部分学生都会正确朗读，而且了解了这些景点。

三、翻转课堂在高校英语写作教学中的运用

(一)写作的目的

英语写作(作为听、说、读、写四大技能之一)一直是英语课程标准的一个重要组成部分。写作既是学生学习英语语言知识的手段,同时又是一种需要发展的交际能力。因此,英语写作教学的目的是:①为学习而写作,即写作作为学习语言知识的手段,帮助学生掌握词汇、句型、语法和语篇等知识;②作为语言交际技能之一的写作,其基本目的是创造意义,让学生学会用英语来记录或表达自己的思想和情感。这两者之间是相辅相成的关系:学生语言知识的扩展是其创造意义的基础,创造意义又为语言知识的扩展提供了动力与提升的空间。了解了写作教学的目的,教师在进行英语写作教学活动设计时,要根据不同的课堂环境及需要,处理好知识学习和发展学生交际能力两者之间的关系。

(二)传统写作法

传统写作法最早源于中世纪的拉丁语教学,而应用到英语写作教学实践则始于19世纪,因其根据写作的最终成品来判断好坏,故而称之为"成果教学法"。传统写作教学将写作视为"包装"思想,即作者将大脑中的思想提炼出来,用语言将其包装好,供人欣赏。因此,传统的写作手册大都制定了许多细则,以便作者能巧妙地将自己的思想包装好。而传统的写作教学以教师为中心,教师的授课模式为固定的三个步骤:①在课堂上教师将其大部分精力用于讲解写作的技术性细节的处理;②提供课堂讲解分析,分析讲解主要也集中于结构模式上;③布置题目,要求他们模仿写出作文。教师将学生第一次提交的作文视为最后的成品,对其进行修改和评分。在评判作文时,主要从修辞形式和语言正确度两个方面来进行,每篇作文被视为一系列分裂的片段,而不是一篇形式与内容相兼容的完整语篇。一篇作文成功与否,在很大程度上取决于它是否应用了预先规定的结构模式,是否遵循了课本上和

教师在课堂上规定的各项规则。这样的写作教学方式，最终导致学生为写作而写作，过于关注语言形式方面的因素，而忽略了对文章内容的充实，忘却了写作的真实意义，使得成品矫揉造作、空洞乏味。另外，教师选择的题目大多脱离实际，没有充分考虑学生作为写作主体的交际需要，导致学生失去了写作的兴趣和信心，对写作持应付的态度，不仅限制了他们写作技巧的发展和提高，还大大影响了他们的创造性和批判性思维能力的形成。

（三）翻转课堂与英语写作教学相结合的可能性

翻转课堂在高校英语教学中的普及已然非常明确了，不管是从教育主体还是学生主体又或者教学的软硬件角度来看，都是必然要发生的。首先，网络进驻校园之后，学生可以通过各种学习方式提升自身的综合能力，如自习室和电子阅览室等；其次，学生可以随时随地通过移动智能终端来丰富自己；再次，教师可以自己搭建在线学习平台使学生间互相交流，如学校网站的教学论坛，论坛由专门的教师管理并且及时更新最近的学习资料及视频教学等内容，为师生之间有更好的交流创造条件；最后，教师不间断地通过布置作文来考核学生。利用教学软件"批改网"批改作文，既可以节省教师的时间，又可以方便学生与教师互动留言，在很大程度上提高了学生的写作水平。

（四）高校英语写作翻转课堂教学的要求

高校英语写作翻转课堂教学的要求如下。

1. 教材选择强调课程之间的连贯性、教学素材的本土性

选择的写作教材不仅要包括应用文文体，而且包括基础写作、文学写作等其他文体，这些教材内容不仅要为学生提供更多的自学资料，而且能弥补教学计划中课程设置缺乏连贯性的不足。同时，在考虑版本时，教材的素材最好来自本土，为学生提供比较熟悉的案例，符合语言教学的真实性要求，适合本地区教学。

第六章　基于翻转课堂的英语教学设计与应用研究

2. 教学设计注重教学的多样性、操作性、指向性

（1）为了让学生掌握形式各样的信函内容，教学应该井然有序地逐步加深章节内容，有简单简历和生活便条向商务信函和公务便函转变。教师通过教学的管理平台设置教学方案及相关资料的计划，实时通过网络软件与学生互动交流，同时铺设大量题库并且设有在线测试等方式。

（2）学校适当地整改教学形式，如机房安排课程，让学生现场发挥写作，不但能够得到教师的面对面辅导，还能通过网络软件查询相关知识点。最明显的是教师在机房课堂互动期间，可以随时掌握学生对知识点的熟练程度。

（3）教师采用任务型教学法给学生制定某一阶段的任务量，让学生全面熟悉各种文体和基本知识的技能。

3. 教学过程强调教学对象的主体性、教学程序的连续性

学生在上课前自学指定的教材章节和电子教案，上课时，教师在布置写作任务后简要介绍任务将涉及的知识点，然后学生分头在计算机上写作。对于学生提出的共同问题，教师会集中讲解，但大部分时间是一对一辅导。为了保证课堂上每个学生的学习积极性都能调动起来，教师发动基础好的学生做小教师，帮助基础差的同学解决一些简单问题。课后，学生把写好的作文上传到教学管理平台的计分作业栏目，由教师批阅。值得一提的是，经过课堂上的个性化辅导，学生习作中的语法和句法错误已经不多见，教师批阅的作用主要在于肯定哪篇作文更加有逻辑性、更加合情合理，并且把优秀作文设置成"展示"，为没有到课的学生提供范例。

4. 教学评估强调实践性、过程性

检验大学学生英语掌握情况，最直观有效的手段就是现场作文的检测。所以，这种课程对现场作文的质量特别重视，把它作为阶段性评估的重要组成部分。期末考试采用闭卷形式，范围覆盖本学期所学的全部应用文体，学生要根据要求在机房内完成作文。

参考文献

[1] 毕跃忠，常玫. 高校英语教学方法研究 [M]. 长春：吉林教育出版社，2020.

[2] 曹春玲. 高校英语教学的方法与应用研究 [M]. 长春：吉林教育出版社，2021.

[3] 陈艳，负楠，张倩倩. 现代英语教学方法研究 [M]. 广州：广东世界图书出版有限公司，2019.

[4] 陈颖. 英语教育方法与学科教学研究 [M]. 北京：中国原子能出版社，2020.

[5] 冯华，李翠，罗果. 英语语言学与教学方法研究 [M]. 长春：吉林人民出版社，2019.

[6] 官印，贺婷，张华. 大学英语教学方法及其实践分析研究 [M]. 哈尔滨：北方文艺出版社，2022.

[7] 李晓玲. 大学英语教学方法研究 [M]. 西安：陕西科学技术出版社，2020.

[8] 毛妙维. 现代英语教育教学研究与方法 [M]. 北京：北京工业大学出版社，2019.

[9] 任燕，张怡. 当代高校英语教学方法与研究 [M]. 哈尔滨：哈尔滨工业大学出版社，2019.

[10] 王坤邦. 现代英语教学方法研究 [M]. 哈尔滨：哈尔滨出版社股份有限公司，2021.

[11] 于欣宏，孟庆岩，栾栋. 大学英语教学方法与实践研究 [M]. 延吉：延边大学出版社，2020.

[12] 张静. 英语教学研究方法概论 [M]. 合肥：中国科学技术大学出版社有限责任公司，2021.

[13] 张永红. 现代英语教学方法研究 [M]. 南京：江苏凤凰美术出版社，2018.

[14] 赵利燕. 英语教育的教学方法研究与应用 [M]. 长春：吉林人民出版社，2021.

[15] 赵盛. 高职英语教学方法与改革研究 [M]. 长春：吉林人民出版社，2020.